西海ルール
A+Bの手引き
リアルワンメイクの
ブレンドレシピ

JN337125

はじめに

A+Bはレシピ作りの新ルール

カラー剤は「選ぶ」から「作る」へ

A＋B。聞きなれない言葉ですが、これはカラーレシピ作りの新ルール。AとBにはカラー剤をあてはめます。カラーチャートの中から1色を選ぶのではなく、2色をブレンドして1色を作ろう、という提案です。AとBの2色にはそれぞれ役割があり、Aカラー剤でアンダートーンを調整し、Bカラー剤では色みを加えます。この2色の組み合わせとバランスで、さまざまな色をオリジナルに作れるのがA＋Bのしくみ。

微妙なニュアンスをコントロール

たとえば、オレンジを感じるブラウンにしたいとき。カラーチャートから近い1色を選ぶのがこれまでの方法。A＋Bでは、ブラウンにオレンジをブレンドします。この方法で作ると、カラー剤のラインナップには存在しないオレンジブラウンが、何通りでも作り分けられます。微妙なニュアンスがコントロールできるので、似合わせも提案も多彩に展開できます。

きれいな色を長持ちさせよう

2色をブレンドして作ることで、単色にはない深みとつやが生まれます。既染毛の状態に応じてブレンドを作って一気に塗り分けるから、根元から毛先まで放置時間も一定。途中のカラーチェックは必要ありません。放置が充分だとしっかり酸化重合するので、発色がきれい。ダメージを抑える効果もあり、色持ちもよくなります。

この本では、A＋Bの理論を解説しながらA＋Bを活用したレシピを紹介します。
このルールで、あなたのサロンカラーを進化させましょう。

CONTENTS

A+Bの比率は一定

$$A+B$$
$$3 : 1$$

$$(A+A')+B$$
$$3 : 1$$

$$A+(B+B')$$
$$3 : 1$$

$$(A+A')+(B+B')$$
$$3 : 1$$

004	はじめに
006	A+Bのしくみ
008	message
009	色を見る・1　A+B design
023	色を知る　　A+Bのために
035	色を作る・1　A+Bの効果
049	色を作る・2　A+Bを広げる
059	色を見る・2　A+B design
073	色を合わせる　A+Bメンテナンス
083	色の調整　　（A+B)をCで補正
088	A+Bの発展
090	レシピの実際
106	基本の確認
112	あとがき

Column A+B

022	発色と時間
034	色彩理論とヘアカラー
048	レベルと色素量
058	微アルカリカラー
072	リタッチとメンテナンス
082	オキシ濃度

A+Bのしくみ

2色のブレンドで作ると、色は微妙にバリエーションを広げます。
A+Bの最大の特徴は、色相、明度、彩度という色の三属性すべてをコントロールできることにあります。

① 比率で色を広げる（色相のコントロール）

AとBそれぞれの比率を変えると、色が変化します。
同じ明度、同じ色調の中で、8通りのバリエーションができます。

5:1　　4:1　　3:1　　2:1

1:5　　1:4　　1:3　　1:2

※1:1の比率は、狙いの方向がわからないのでやりません。
※比率が色に影響する範囲はだいたいこれくらい。これ以上細分化しても効果が見えてきません。

② 組み合わせで色を広げる（色相のコントロール）

AとBのカラー剤の組み合わせを変えると色相が変化します。
Aのカラー剤は質感を、Bのカラー剤は色みを表現します。カラー剤の数だけ組み合わせが広がっていきます。

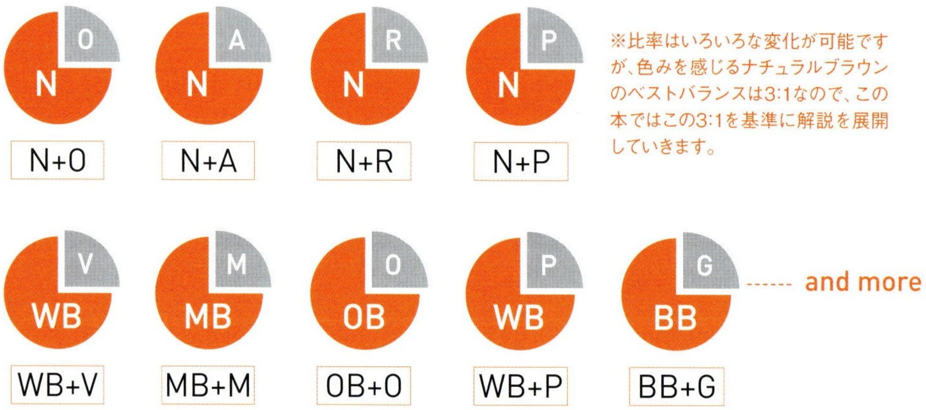

N+O　　N+A　　N+R　　N+P

※比率はいろいろな変化が可能ですが、色みを感じるナチュラルブラウンのベストバランスは3:1なので、この本ではこの3:1を基準に解説を展開していきます。

WB+V　　MB+M　　OB+O　　WB+P　　BB+G　------ and more

③ 微調整で色を広げる （明度と彩度のコントロール）

AとBの比率はキープしたまま、Aの中で明度を、Bの中で彩度の微調整ができます。
髪質対応、似合わせ対応など、より緻密なコントロールの時活用します。

Bの比率を変えると、彩度が変化します。
同じ明度、同じ色調の中で、
微差のバリエーションができます。

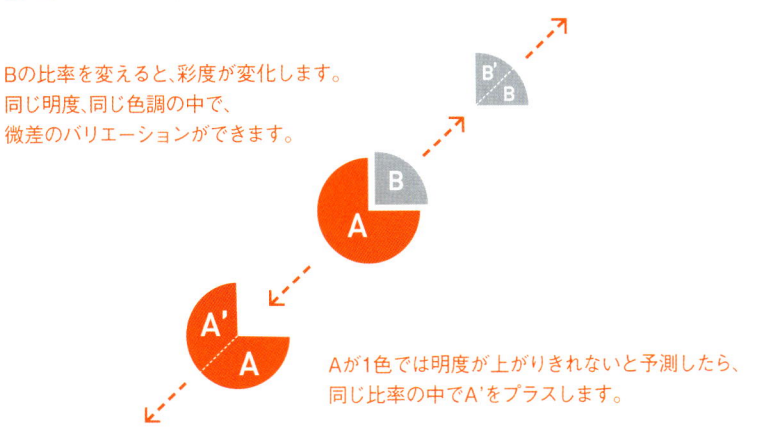

Aが1色では明度が上がりきれないと予測したら、
同じ比率の中でA'をプラスします。

④ レシピを式で組み立てる

レシピは式で表します。それぞれの記号に具体的なカラー剤を当てはめていきます。

基本の式	A+B
明度調整	(A+A')+B
彩度調整	A+(B+B')
明度+彩度調整	(A+A')+(B+B')

Ex. たとえばAが8レベルナチュラルで、Bが8レベルオレンジとして、少し暗めに明度調節をしたいときの式

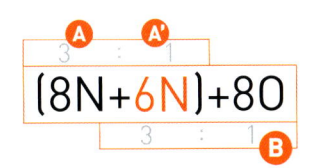

(8N+6N)+8O

Message   リアルワンメイクのブレンドレシピ

「なんとなく」ナチュラルな色を提案していませんか？

ヘアカラーデザインがどんなに多彩になっても、サロンカラーの中心はミドルトーンのナチュラルブラウン。これは、昔も今も、おそらくこれから先もずっと変わらないでしょう。サロンカラーを進化させようというとき、一番に見直さなくてはならないのは、シンプルだからこそ奥の深い、ごまかしのきかないワンメイクです。

根元から毛先まで色が揃って見える、というのがワンメイクの定義ですが、プロの仕事ならただ色が揃っているだけでなく、そこには控えめでもしっかりしたコンセプトがあるべきです。なんとなくナチュラルで曖昧なブラウンではなく、狙いのあるナチュラル。ワンメイクの幅をどれだけ広げられるかが、サロンカラーの最優先課題です。

今回この本では、そのためのA＋Bに焦点を絞って解説していきます。

サロンのボリュームゾーンに支持される明度の中心、8レベルを基準に考えるので、すぐに試して活用しましょう。

Ａ＋Ｂなら、毎回、「狙った」ナチュラルを提案できます

あいまいなナチュラルを提案して困るのは、リピート2回目以降。前回カラーしたブラウンのどこが気にいったか、今度はどうしたいかをうまく引き出すことが難しいからです。

A＋Bで色みと彩度の提案をしておくと、とてもはっきりした「色のコンサルテーション」ができるのです。「前回のオレンジが少し薄くなりましたね、前回くらいにしておきますか？」といった具体的な質問をしてみましょう。

色みを変化させたければBの色を変える、Bの比率を変えるという方法があります。同じ色みでもう少し弱めたければAとBの比率を変える。明度を変えるならAを変える…。「もう少し濃く」「淡く」「深く」…、あるい「華やかに」「やわらかく」といった印象を言葉で説明して、カラーで計算することが可能になるのです。

ワンメイクのクオリティを上げて、プロならではの「リアルワンメイク」へ進化するためのA＋Bを始めましょう。

色を見る・1
A+B design

A+Bの処方レシピによるカラーデザイン。すべてナチュラルなワンメイクです。
理論に入る前に、A+Bによる色の広がりを感じてください。
ブラウンの中にひそむ、微妙な色みのバリエーション。
背景の影響で色の見え方の感じが変わること。レングスの違い、
カットラインの違い、形の違いでも色の表情が変化すること。
バングを上げた時、下ろしたときは？ ブロー仕上げとアイロン仕上げなら？
いろいろな観点から見てほしいと思います。
1人のモデルをカラーチェンジしたケース、2か月後の提案ケースも紹介しています。

Orange

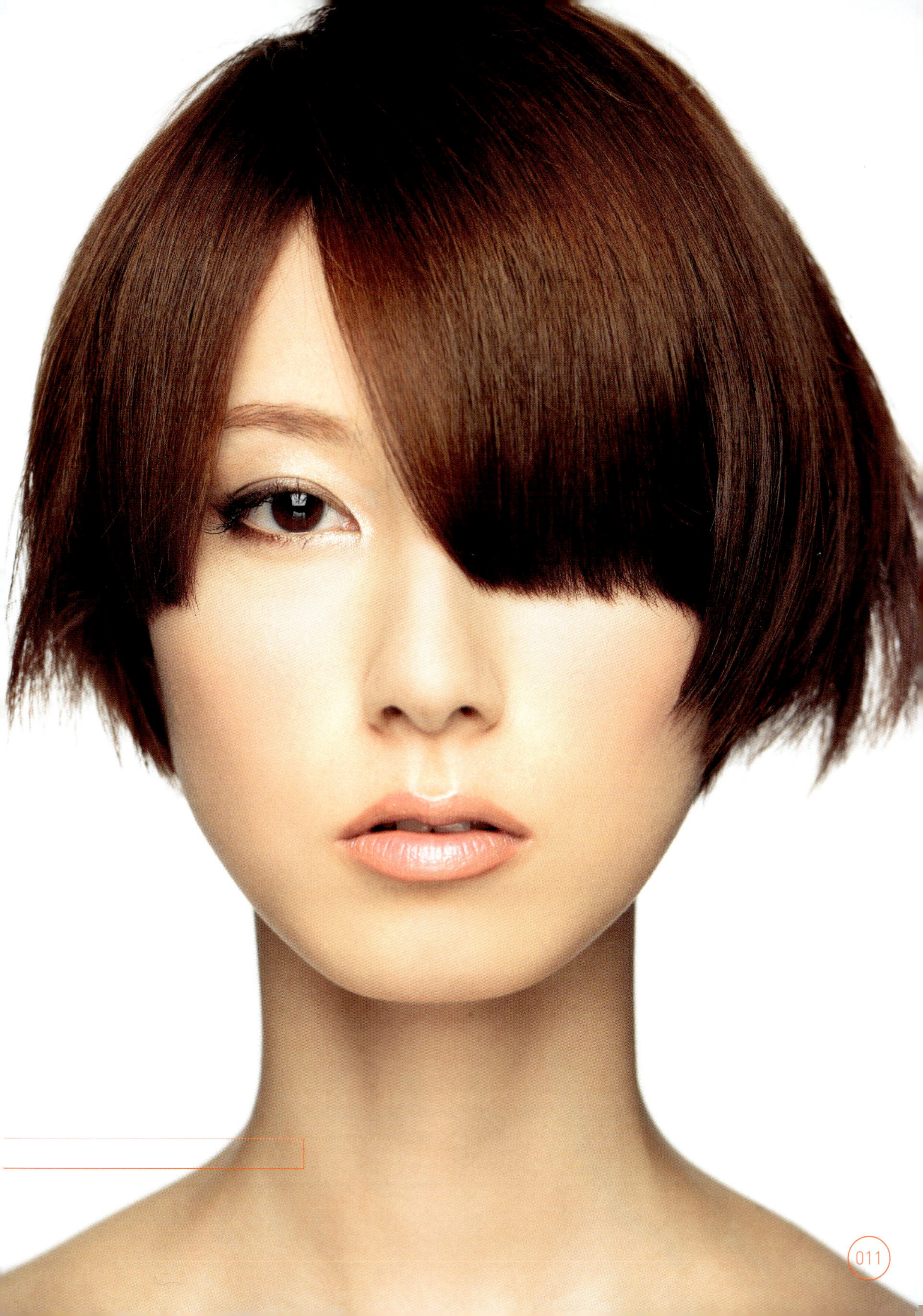

Ash

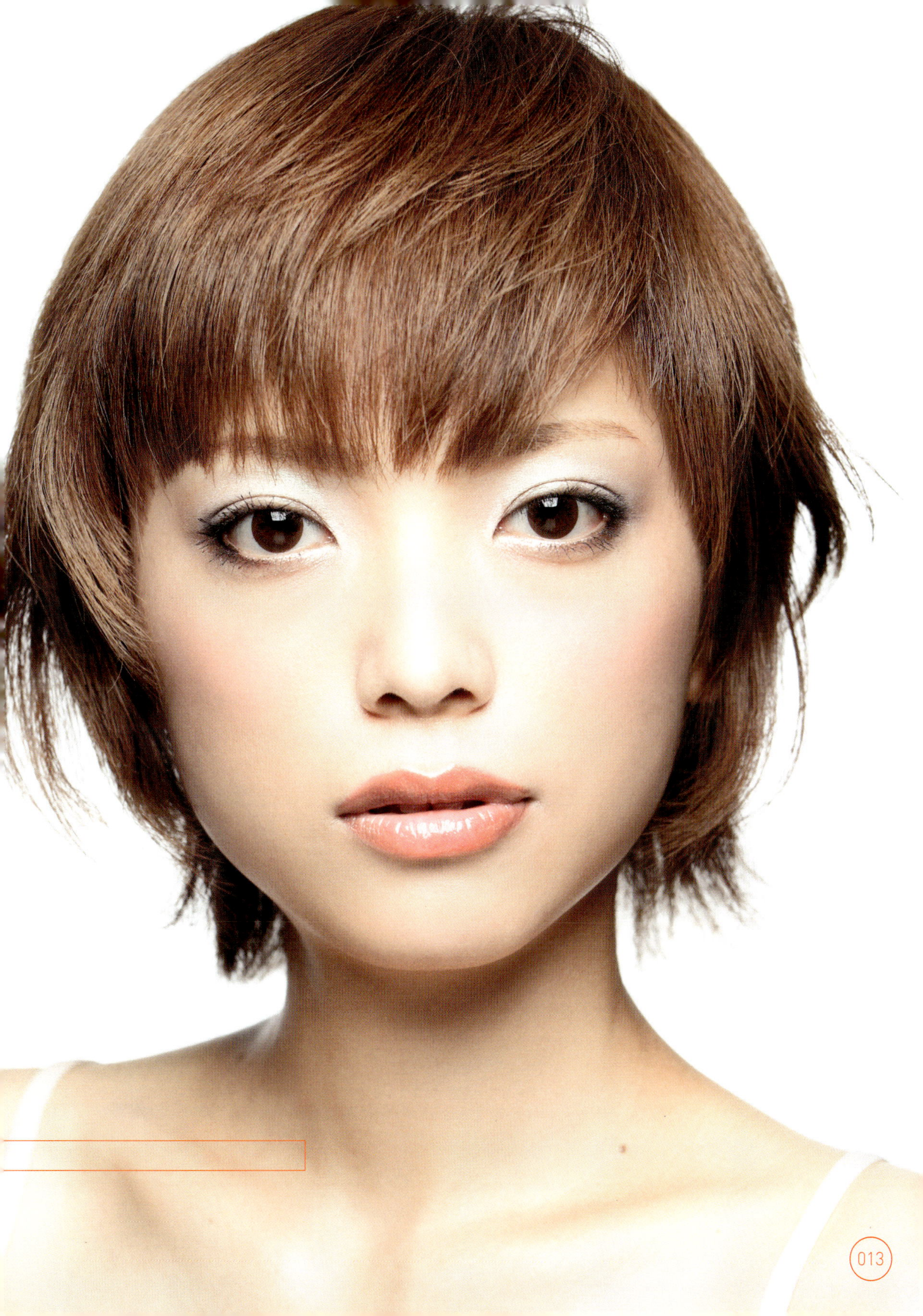

Mat

015

Ash

017

Gold

Red

Red

021

Column A+B ① ブリーチがすばやく活発に働き、発色はあとから続いていく

脱色効果と発色効果

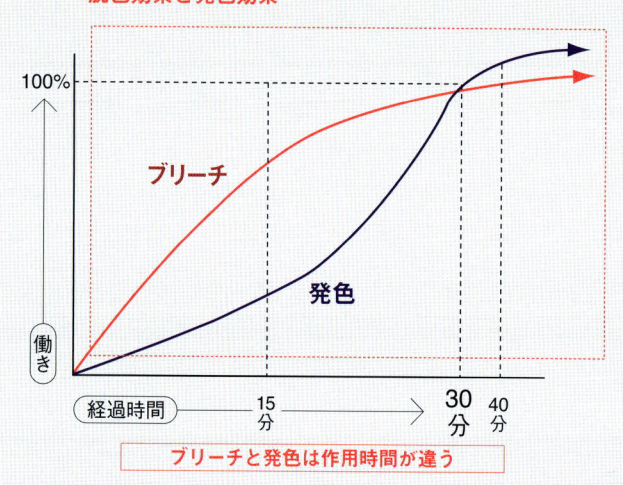

[グラフ：縦軸「働き」(100%)、横軸「経過時間」(15分、30分、40分)、「ブリーチ」曲線と「発色」曲線]

ブリーチと発色は作用時間が違う

ヘアカラー剤の働きは、脱色と発色の組み合わせです。1剤のアルカリの力で2剤の過酸化水素が働き、活性酸素を発生させます。この活性酸素がメラニン色素を破壊して毛髪を明るくする作用が脱色。1剤の染料と2剤の過酸化水素が反応して（酸化重合と呼ばれる反応です）、カラー剤の色が出てくることが発色です。この2つの作用は時間の経過とともに進みます。

反応と時間経過をイメージしたのが左のグラフ。2本の曲線を比較するとわかるように、先に脱色が活発に始まり、発色は、あとからゆっくりと進んでいく関係で、約30分かけて2本の曲線が交わります。

15分経過の時点で見てみましょう。

脱色は70％くらい進んでいますが、発色はまだ30％にも満たない感じです。つまり、カラー剤を塗布して放置15分の時点で流してしまうと、明度はかなり上がっているけれど、色は出ていないという状況です。

ヘアカラー剤のスペックに、放置時間を20分〜40分と規定してあるのはこのメカニズムがあるからです。放置時間が不足すると、発色はもちろん、その後の色持ちも悪くなります。また、カラー剤に含まれるコンディショニング成分も、ある程度時間をかけて作用するので、放置時間不足はダメージ、手触りにも影響を与えます。

A＋Bの方法では、時間差塗布をしません。カラー剤を毛髪の状態に合わせたブレンドで作り分けて、同時に塗るのは、このメカニズムに従った放置タイムを取るため。きれいな発色と色の長持ちを狙っているからなのです。

色を知る

A+Bのために

レシピを作るとき、単品では塗布せず、AとBの2色をブレンドして色を作るのがA+Bの基本。
ブレンドの効果を確認するため、また適切なブレンドを考えるためには、
まず、単品の色の特徴を知ることが先決。
ここではこの本の基準となる8レベルを軸に、代表的な色を比較しながら検証します。
カラーチャートの番号で判断するのでなく、自分の使うカラー剤については必ず実験して、
色の出方を把握することが大切。
カラー剤の特徴を知ることが、レシピ成功の王道です。

8レベルで見るカラー剤の特徴 ①
アンダートーンとレベルスケール

アンダートーンの明度基準である黒髪のレベルスケールを活用して、ベースの髪を見極めます。
赤くなりやすい、黄みが出やすいなど個人差があることは前提ですが、
明度が上がるとまず赤くなり、次にオレンジになり、イエローへと透明感が増していく過程は共通です。

レベルスケール	特徴	透明感
13-15 [ベリーライトトーン] イエローが主体となる領域	黒髪ベースではブリーチしないと出ない明度です。ブリーチをしてカラーをした髪、カラーとパーマを繰り返した髪だけがこのレベルまで上がります。明度を下げながら色を出す場合、プライミングまたはクリア剤が必要になります。	透明感…大きい
12-10 [ライトトーン] イエローを感じるオレンジの領域	オレンジの領域ですが、イエローが見えてきます。9レベルでカラーした場合、1か月くらいして再来店するころには褪色して11レベルに上がっていることが多いようです。12レベルから明度を下げて色を出すには、プライミングまたはクリア剤が必要です。	透明感…中くらい
7-9 [ミディアムトーン] 赤みを感じるオレンジの領域	オレンジっぽさを感じるのが特徴。黒髪の場合、ヘアカラーをしなければ到達しないレベルです。もっともナチュラルとされるブラウンがこの領域。7〜8レベルでカラーをした人は、1か月後再来店するころには、褪色して9レベル位に上がっているのが一般的です。	透明感…小さい
4-6 [ダークトーン] 赤みを感じる黒ベースの領域	黒髪に赤みを感じるのがこの領域です。現在の日本人に最も多く、標準的なバージン毛の色が4レベル。少し明るめの人で5レベル程度。一般的には6レベルはヘアカラーをしないと出ない色。明るくなった髪を落ち着かせる目安も6レベルくらいでしょう。	透明感…ほんのわずか
1-3 [ブルーブラック〜ブラックトーン] 青みも感じる黒ベースの領域	赤みが全くない黒ベース。青みが増すことで暗く見えます。1レベルの髪は、日本人にはほとんど存在せず、2レベル、3レベルもごく稀です。白髪染めで意図的に黒く染めた場合にのみ存在する領域です。	透明感…なし

既染毛のイメージ

アンダートーンが5レベル、9レベル、12レベル、15レベルの素材毛を並べました。既染毛の根元から毛先までをイメージしながら、見てください。新生部が伸びた根元（ダークトーン）、前回のカラーのティントが残る中間部（ミディアムトーン）、褪色してカラーが抜けた毛先（ライトトーン〜ベリーライトトーン）…。そんな状態に対して、次ページから8レベルの発色を見ていきましょう。

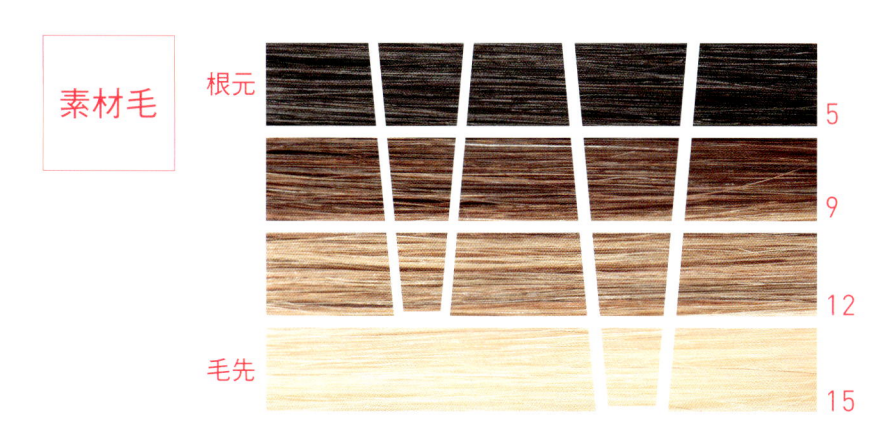

素材毛　根元　5　9　12　毛先　15

メラニンタイプの見分け方

髪のアンダートーンは、メラニン色素の量で決まります。メラニンが多いほど透明感がなくなり、メラニンが少ないと透けて見えます。レベルスケールを基準にしながらも、個人差を把握することがカラーがうまくいくポイントです。

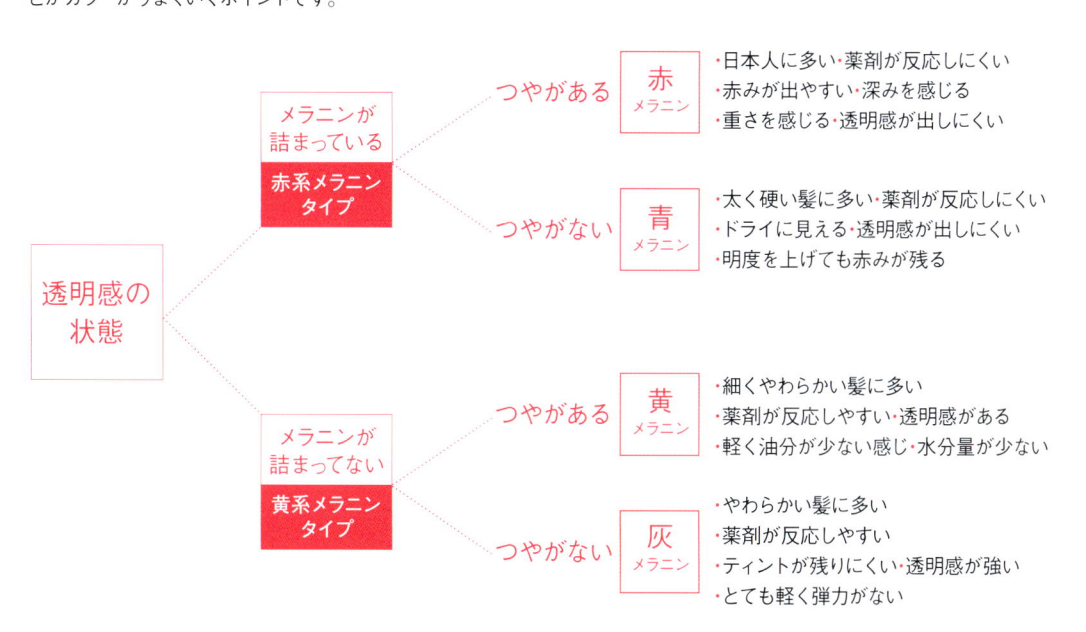

透明感の状態

メラニンが詰まっている／赤系メラニンタイプ
- つやがある → 赤メラニン
  - 日本人に多い
  - 薬剤が反応しにくい
  - 赤みが出やすい
  - 深みを感じる
  - 重さを感じる
  - 透明感が出しにくい
- つやがない → 青メラニン
  - 太く硬い髪に多い
  - 薬剤が反応しにくい
  - ドライに見える
  - 透明感が出しにくい
  - 明度を上げても赤みが残る

メラニンが詰まってない／黄系メラニンタイプ
- つやがある → 黄メラニン
  - 細くやわらかい髪に多い
  - 薬剤が反応しやすい
  - 透明感がある
  - 軽く油分が少ない感じ
  - 水分量が少ない
- つやがない → 灰メラニン
  - やわらかい髪に多い
  - 薬剤が反応しやすい
  - ティントが残りにくい
  - 透明感が強い
  - とても軽く弾力がない

8レベルで見るカラー剤の特徴 ②
「A」カラー剤のカバー力比較

Aはアンダートーンの調整が目的なので、カラー剤はナチュラル～ブラウン系。
レベルの違う素材毛にのせてみます。
カバー力があれば素材のレベル差が小さくなり、
カバー力が小さいと素材毛のアンダートーンがそのまま反映されます。

基準はNとWB

すべてのブラウンを横並びに見ても、色の特徴は把握できません。メラニン色素の赤を抑えるために寒色系に設計されているナチュラル、赤み、紫みが入って、暖色系に設計されているウォームブラウンの2色を軸に、その他のブラウンの印象を比較していきます。

8N
8レベル
ナチュラル

寒色に傾く
＝カジュアルな印象

ナチュラル系は寒色系に設計されているため、印象はカジュアル。アンダートーンのレベルに対して、比較的カバー力が大きいことがわかります。

8WB
8レベル
ウォームブラウン

暖色に傾く
＝大人っぽい印象

ウォームブラウンは、赤み、紫みが入ったブラウン。どのアンダートーンに対しても暖色感が出て、カバー力が大きいのが見て取れます。カバーしながら赤みを感じさせるのが特徴です。

素材毛

5
9
12
15

for A+B

8BB
8レベル
ベージュブラウン

**沈まない色み
＝やわらかい印象**

ベージュという名の表すように黄色みのあるブラウン。アンダートーンの影響を大きく受けます。明るいため、素材のレベルがカバーされずに出るので、沈ませたくない、アンダートーンを活かしたいとき使います。

8MB
8レベル
マットブラウン

**やや寒色に傾く
＝カジュアルな印象**

ナチュラルに近いのでカバー力が大きく、マットが入っているため、アンダートーンが高いところでは緑色が見えてきます。ナチュラルより「にごり」「くすみ」を出したいときに。

8OB
8レベル
オレンジブラウン

**やや暖色に傾く
＝明るい印象**

ウォームブラウンに近いが、進出色のオレンジが入っているので、アンダートーンのコントラストは残ります。8Nよりつやがあり、8WBより彩度が高いので、華やかさを出したいときに向きます。

8レベルで見るカラー剤の特徴 ③
「B」カラー剤の色みの特徴

色の種類によって、アンダートーンとの関係は大きく違っています。
アンダートーンに左右されやすい色、逆に影響を受けにくい色。
A+Bで色をブレンドするには、それぞれの特徴をよく知ることが役に立ちます。

8O
8レベル
オレンジ

鮮やかさ、つや感が際立つ

進出色であるため、明るく、鮮やか、つやがあるのが特徴です。アンダートーンの色をそのまま反映して15レベルではよりビビッドに、5レベルにもオレンジらしさを感じます。

8R
8レベル
レッド

濃さと深みを感じる

オレンジと較べるとよくわかりますが、同じレベルなのに、沈んだ色調に見えます。この「沈み」感がレッドの特徴。そのためアンダートーンの影響はあまり受けず、どのレベルでも(カバー力がある)のがわかります。

8P
8レベル
ピンク

ピンクといっても…

通常、色の表現で使う「ピンク」のイメージとは異なり、濃いのがカラー剤のピンク。彩度が高くカバー力があり、4本のレベル違い素材毛が、5レベルと9レベル、12レベルと15ベルの2段階に見えています。

素材毛

5
9
12
15

for A+B

8V
8レベル
バイオレット

濃くて沈み感がある

彩度が高く濃いため、アンダートーンの影響はほとんど感じられず、高いカバー力が特徴。5レベルから12レベルまで、アンダートーンが揃ったように色が近づいて見えます。

8G
8レベル
ゴールド

薄さ、明るさが特徴

アンダーの色をそのまま反映する薄さ、明るさが特徴。赤みのない軽い感じなので、カジュアルでやわらかい表現に向き、濃さ、深さを出すときには向きません。

8A
8レベル
アッシュ

違う色みに見える

アッシュはアンダートーンのメラニン色素と補色関係にあるため、色相にズレを起こし、違う色に見えることがあります。5レベルではアッシュの色を感じない、9レベルで赤、12レベルでグレー、15レベルではブルーを感じます。

8レベルで見るカラー剤の特徴 ④
6レベル、10レベルとの比較

レベルが下であるほど色素量が多く、色が濃くなり
レベルが上がるにつれて色素量が減って薄くなっていくのがカラー剤のメカニズム。
8レベルを中心に2レベルずつ上下の色を比較しましょう。

10N
10レベル
ナチュラル

8N
8レベル
ナチュラル

6N
6レベル
ナチュラル

薄く

↑

2レベル離れると、はっきりと濃さに差が出ます。8レベルを基準にすると、10レベルは薄くて明るく、アンダートーンがそのまま反映されます。対して6レベルでは濃くなるので、カバー力が上がり、4本の素材毛のアンダートーンはかなり近づきます。このレベル差を活用して、明度をコントロールできます。

↓

濃く

for A+B

素材毛

5
9
12
15

100
10レベル
オレンジ

80
8レベル
オレンジ

60
6レベル
オレンジ

薄く
黄色く

明度の変化で、明るさだけでなく、色相にも変化が見られます。8レベルでは鮮やかなオレンジに発色しているのに対し、10レベルでは黄色みを、6レベルでは赤みを感じ、カバー力も上がります。特に5レベル素材毛への発色は黒ささえ感じます。

濃く
赤く

8レベルで見るカラー剤の特徴 ⑤
メーカーによる色の個性

同じ明度、色相の表示であっても、各メーカーのコンセプトによって
それぞれの発色には個性があります。鮮やかさ、濃さ、薄さの違いだけでなく
素材毛のレベル差をどう反映するのか、カバー力の違いにも注目しましょう。

8BB
8レベル
ベージュブラウン

A社　B社　C社　D社

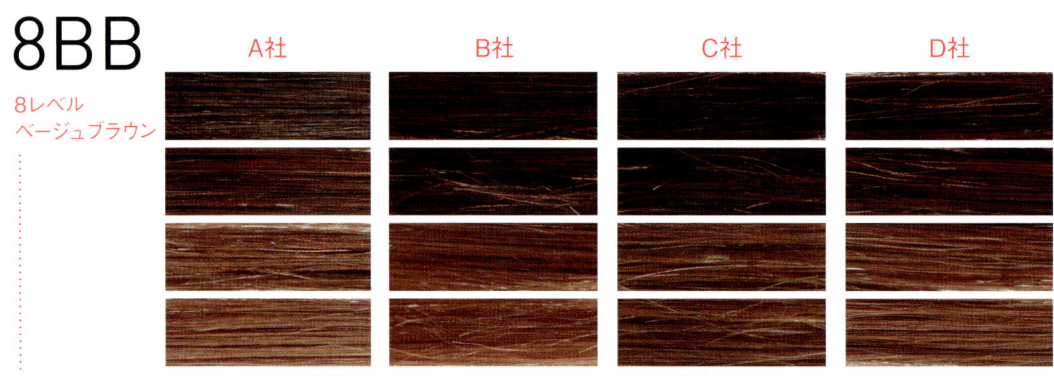

★ ベージュ系は、各社の個性はあまり大きくない。色もカバー力もほぼ同程度に見える。

8O
8レベル
オレンジ

A社　B社　C社　D社

★ オレンジ系は、ブラウンに近いものから鮮やかな発色まで多彩。
　アンダートーンが高い毛束で比較すると、カバー力に大きな違いがある。

8A
8レベル
アッシュ

A社　B社　C社　D社

★ アッシュ系のとらえ方にはメーカーによって大きな差がある。
　青からグレーまでの色の幅があり、カバー力もかなり違う。

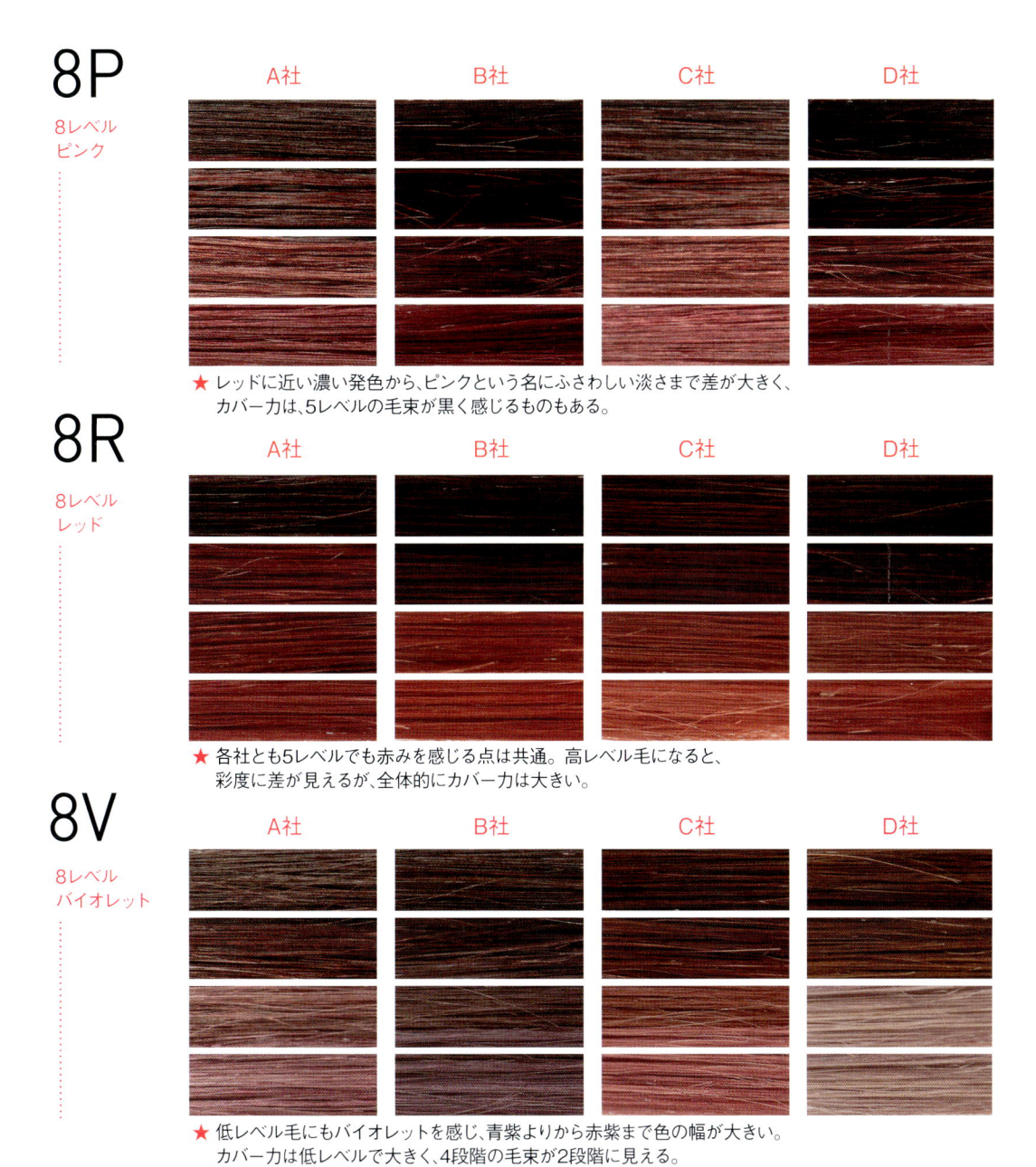

素材毛

5
9
12
15

for A+B

8P
8レベル
ピンク

A社　B社　C社　D社

★ レッドに近い濃い発色から、ピンクという名にふさわしい淡さまで差が大きく、カバー力は、5レベルの毛束が黒く感じるものもある。

8R
8レベル
レッド

A社　B社　C社　D社

★ 各社とも5レベルでも赤みを感じる点は共通。高レベル毛になると、彩度に差が見えるが、全体的にカバー力は大きい。

8V
8レベル
バイオレット

A社　B社　C社　D社

★ 低レベル毛にもバイオレットを感じ、青紫よりから赤紫まで色の幅が大きい。カバー力は低レベルで大きく、4段階の毛束が2段階に見える。

Column A＋B ② 色彩学理論は、そのままではヘアカラーに応用できない

光の混色と顔料の混色

加法混色　　　　減法混色

連立三原色

| crimson | scarlet |

赤には紫よりからオレンジよりがある

| golden yellow | lemon yellow |

黄にはオレンジよりから緑よりがある

| sky blue | ultramarine |

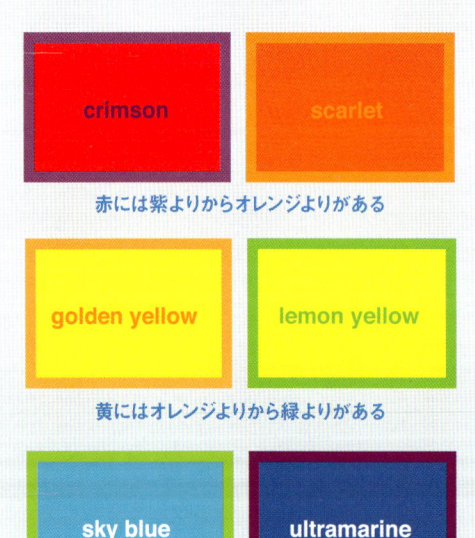

青には緑よりから紫よりがある

色の三属性、三原色、色相環など、色彩学の基礎は重要です。基本の基本なのでこの本には収録していませんが、必ず学ぶべきです。そしてヘアカラーに応用するためには、注意しておくべきポイントがあります。

上の図は、加法混色と減法混色を表しています。加法混色というのは、赤、緑、青を三原色とし、違う色の光の組み合わせで起こる現象。光は色を足すことで明るくなり、全部足すと白になります。ヘアカラーは、色を足すことで暗くくすんでくる減法混色です。赤、黄、青が三原色で、赤と黄を足せばオレンジに、黄色に青を足せば緑になる理論。下の図は、連立三原色です。完全な赤、黄、青は存在しないことを示しています。赤なら紫よりからオレンジに近いものまで幅があり、黄色はオレンジに近いものからグリーンに近いものまで。青もグリーンから紫によった色まで…。この幅をオーバートーンと呼び、連立三原色の図は、オーバートーンで囲んで表しています。

色彩学では、赤＋黄はオレンジになりますが、赤に緑のオーバートーンの黄を混ぜると、赤と緑は補色なので、色を抑えてしまい、ブラウンに近いにごったオレンジになります。

A＋Bでは必ず2色をブレンドして1色を作るので、こうしたセオリー通りではない、ヘアカラーについての認識を持つことが大切になります。

色を作る・1

A+Bの効果

A+Bで実際に色を作っていきます。
どのレベルにも応用できますが、ここでは基準の8レベルで検証。
サロンワークでも最も活躍する実用性が高い8レベルから始めましょう。
A+Bはブレンド比率を変えることで、ナチュラルなブラウンから色みの強調まで、
幅広く多彩に展開できるのが特徴。
ナチュラルなブラウンを作る3:1の比率をメインに、A+Bの効果を確認していきます。

A+B
3 : 1

8レベルA＋Bブレンド ①
比率による色の変化　暖色系オレンジ

オレンジにナチュラルを加えていく場合と、ナチュラルにオレンジを加えていく変化を比較。
すべて8レベル・オレンジブラウンですが、オレンジが多いと比率に関わらずオレンジが目立ち、
ナチュラルが多いと色が微妙に変化することに注目。

★オレンジにナチュラルを加えていく

1 : 5
8N + 80

カバー力に変化

オレンジの鮮やかさがやや薄れる程度。12レベル15レベルのアンダートーンに対する発色が同じくらいに見えて、80単品よりカバー力が上がったことがわかります。

1 : 3
8N + 80

あまり変化しない

Nの比率を上げても、全体的には上の1:5とほとんど変わらなく見えます。カバー力はさらに上がって、素材の9レベルと12レベルの色の差が少し近づきました。

1 : 2
8N + 80

2段階に見える

オレンジの発色はこの比率でも強く感じられます。カバー力はさらに上がり、5レベルと9レベルが揃い、12と15もかなり近づき、4段階の素材が2段階に見えます。

| 素材毛 | 8N | 80 |

5
9
12
15

A+B

★ナチュラルにオレンジを加えていく

5 : 1
8N + 80

カバー力が上がる

オレンジ色の影響は感じませんが、8N単品に比べてカバー力が上がり、コントラストは小さくなっています。この比率なら色の影響よりカバー力に効果があることがわかります。

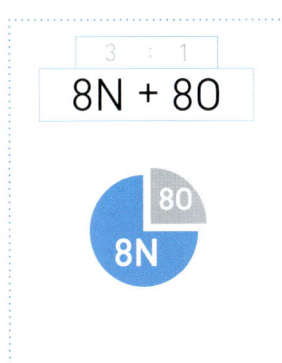

3 : 1
8N + 80

ベストバランス！

オレンジの色みがニュアンスとして感じられる、ナチュラル表現のベストバランス。8N単品、80単品と比較すると、カバー力が上がってコントラストが小さくなっており、素材の4段階が2段階に見えます。

2 : 1
8N + 80

カバー力が下がる

オレンジの色みがはっきり出てきます。上のN3:01では上がったカバー力がオレンジによって下がり、素材毛は4段階に分かれて見えます。

037

8レベルA＋Bブレンド ②
比率による色の変化　寒色系アッシュ

比率変化を寒色系で見ていきます。すべてが8レベル・アッシュブラウン。
アッシュはアンダートーンの色の影響を受けて、色相がずれることがあります。
アッシュが多いと比率による変化は感じられず、ナチュラルが多いバランスでは、微妙な変化が見られます。

★アッシュにナチュラルを加えていく

1 : 5
8N + 8A

黒さを感じる

この比率ではブラウンを感じませんが、単品8N、単品8Aよりカバー力は上がって、素材の4本の色が近づいています。反対色なので、9レベル、12レベルにはわずかに赤を感じます。

1 : 3
8N + 8A

あまり変化しない

Nの比率を上げても、上の1:5とあまり差は感じません。カバー力は大きく、5レベル、9レベル、12レベルの色はかなり近づいて見えます。

1 : 2
8N + 8A

グレーを感じる

カバー力は下がって、9レベルには暖かみを感じ、15レベルにはグレーを感じます。ブラウンは感じられず、色相にズレが出ています。

| 素材毛 | 8N | 8A |

A+B

★ナチュラルにアッシュを加えていく

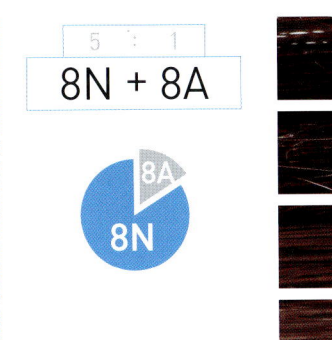

5 : 1
8N + 8A

カバー力が上がる

アッシュの影響は、まだ色みには出ていませんが、8N単品、8A単品よりカバー力はかなり上がっています。素材のレベル違いをほとんど感じません。

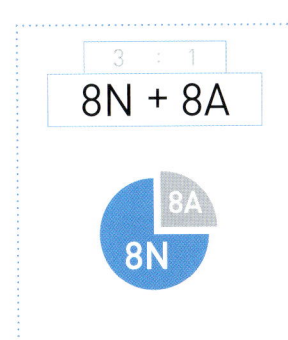

3 : 1
8N + 8A

ベストバランス！

アッシュをほんのり感じるブラウンになりました。ナチュラルとアッシュのベストバランスです。カバー力も上がっています。

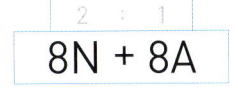

2 : 1
8N + 8A

カバー力が下がる

アッシュをはっきり感じるブラウンの領域です。ナチュラルより少し色を強調したいときに使える比率ですが、カバー力は下がって、15レベルには薄さを感じます。

(039)

8レベルA＋Bブレンド ③
A＋Bの「B」を変える

毛束で検証した3:1を、ウイッグで見ていきます。毛束ではわからない、量感がある時の色の見え方、肌の見え方との関係にも注目です。あくまで8レベルナチュラルの範囲の中の微妙な変化が、3:1ブレンドの効果です。

素材　4レベル

8N+80
3 : 1

オレンジをブレンド

8レベル・ナチュラル単品より、オレンジの効果で暖色感が出ます。オレンジが足されたブラウンという色みで、単品よりつやを感じます。

「B」は色みの印象を変える

暖色感プラス			寒色感プラス
8N+8O	←	8N →	8N+8A

A+B

8N

8N+8A
3 : 1

(8A / 8N)

アッシュをブレンド

アッシュの青みを足したことで、8レベル・ナチュラルの赤みが抑えられ、寒色を感じる印象になります。

8レベルA＋Bブレンド ④
A＋Bの「A」を変える

明度は8レベルで一定、「B」色も同じなので色相も一定。
暖色系オレンジには、A色をウォームブラウンとベージュに変えて比較。
寒色系アッシュはアッシュブラウンとベージュで比較。
質感が違うので印象が変化します。

8N+80
3 : 1

8WB+80
3 : 1

8BB+80
3 : 1

「A」は質感の印象を変える

	大人っぽく		やわらかく	
8WB+8O	←	8N+8O	→	8BB+8O
8BB+8A	←	8N+8A	→	8AB+8A
	やわらかく		シャープに	

A+B

8N+8A
3 : 1

8BB / 8A — 8BB+8A
3 : 1

8AB / 8A — 8AB+8A
3 : 1

8レベルA＋Bブレンド ⑤
質感イメージサークル（Aの変化）

Aの提案・Bは一定

色みをコントロールするBカラー剤を1つに限定し（ここでは8レベルオレンジ）、アンダートーンを調整するAカラー剤を変えて3：1で比較します。P26〜27で見たブラウン系それぞれの特徴が表れ、質感が変化していきます。ブレンド効果で、素材毛のコントラストがほとんどカバーされていることにも注目してください。

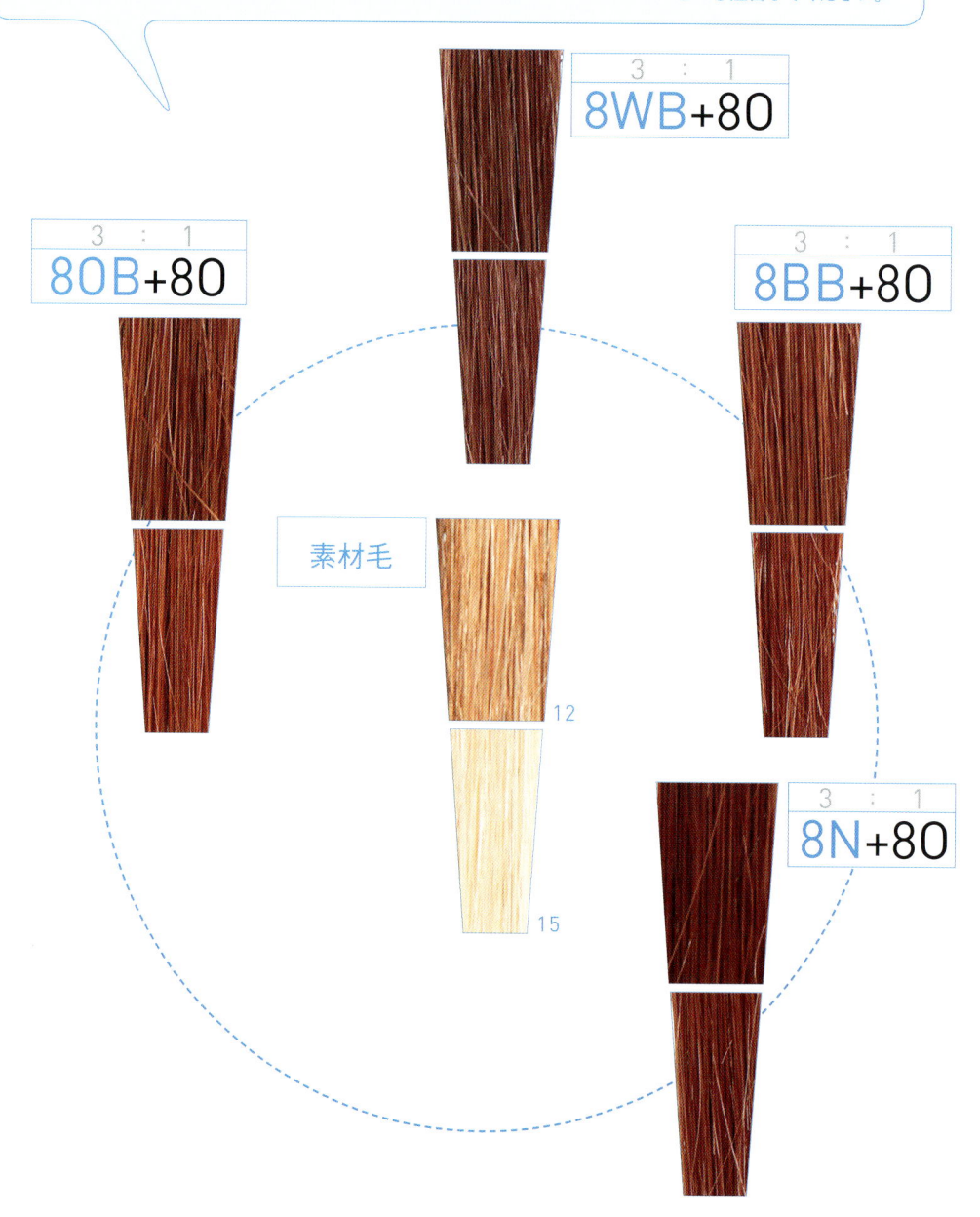

3 : 1
8WB+80

3 : 1
8OB+80

3 : 1
8BB+80

素材毛

12

15

3 : 1
8N+80

Aが広げるバリエーション

12レベルのウイッグをイメージして、左ページで試したAの効果を見ていきます。明度も色相も変えない、3:1限定の「8レベル・オレンジブラウン」というせまい幅の中でも、これだけ微妙なニュアンスが広がるのがA＋Bブレンド。2色で1色を作るからこそできる提案です。

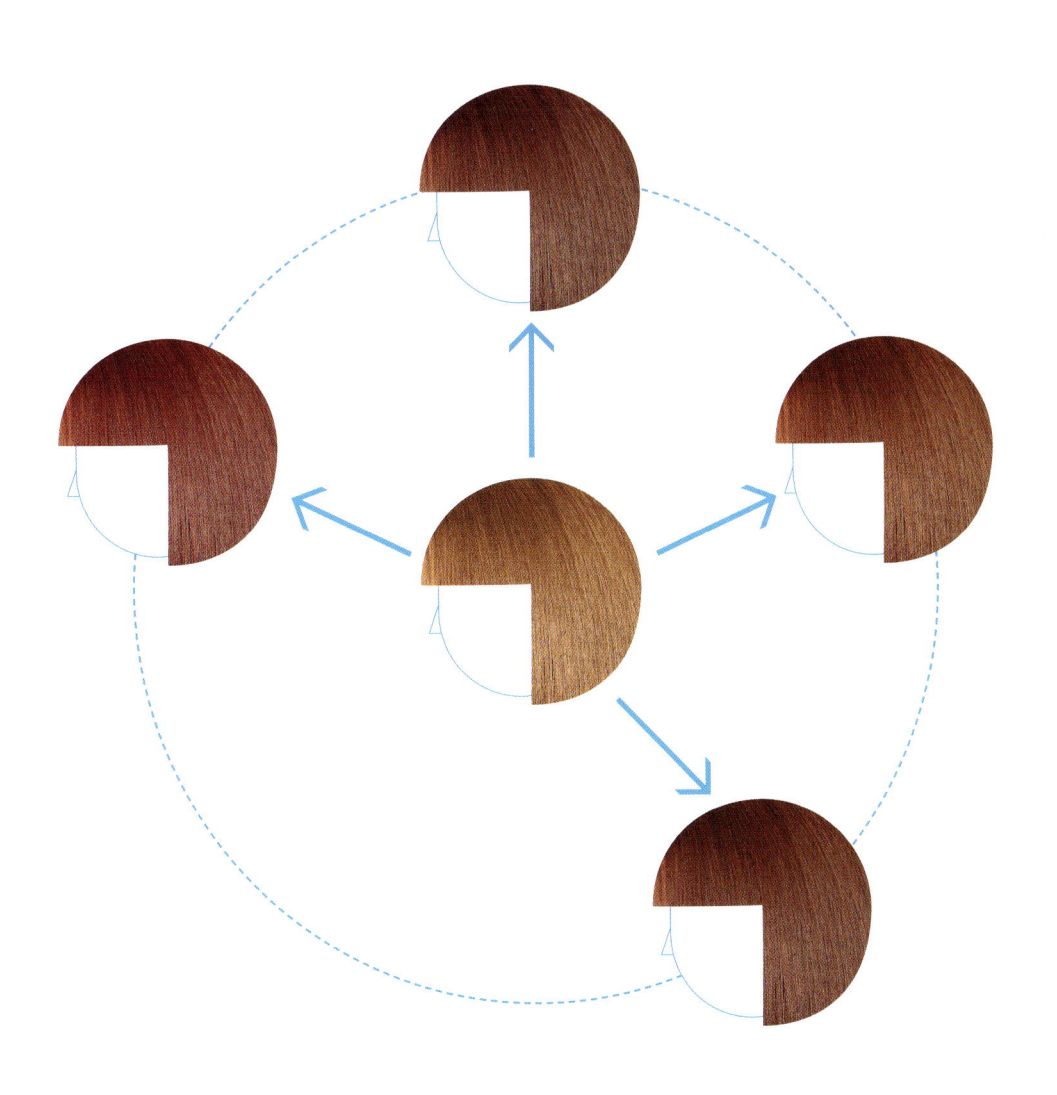

8レベルA＋Bブレンド ⑤
色みイメージサークル（Bの変化）

Bの提案・Aは一定

アンダートーンを調整するAカラー剤の色を固定し（ここでは8レベルナチュラル）、色みコントロールのBカラー剤を変えて3：1で比較します。P37、39でも試したように、Bカラー剤のニュアンスを感じる8レベル・ナチュラルブラウンが、多彩に広がります。

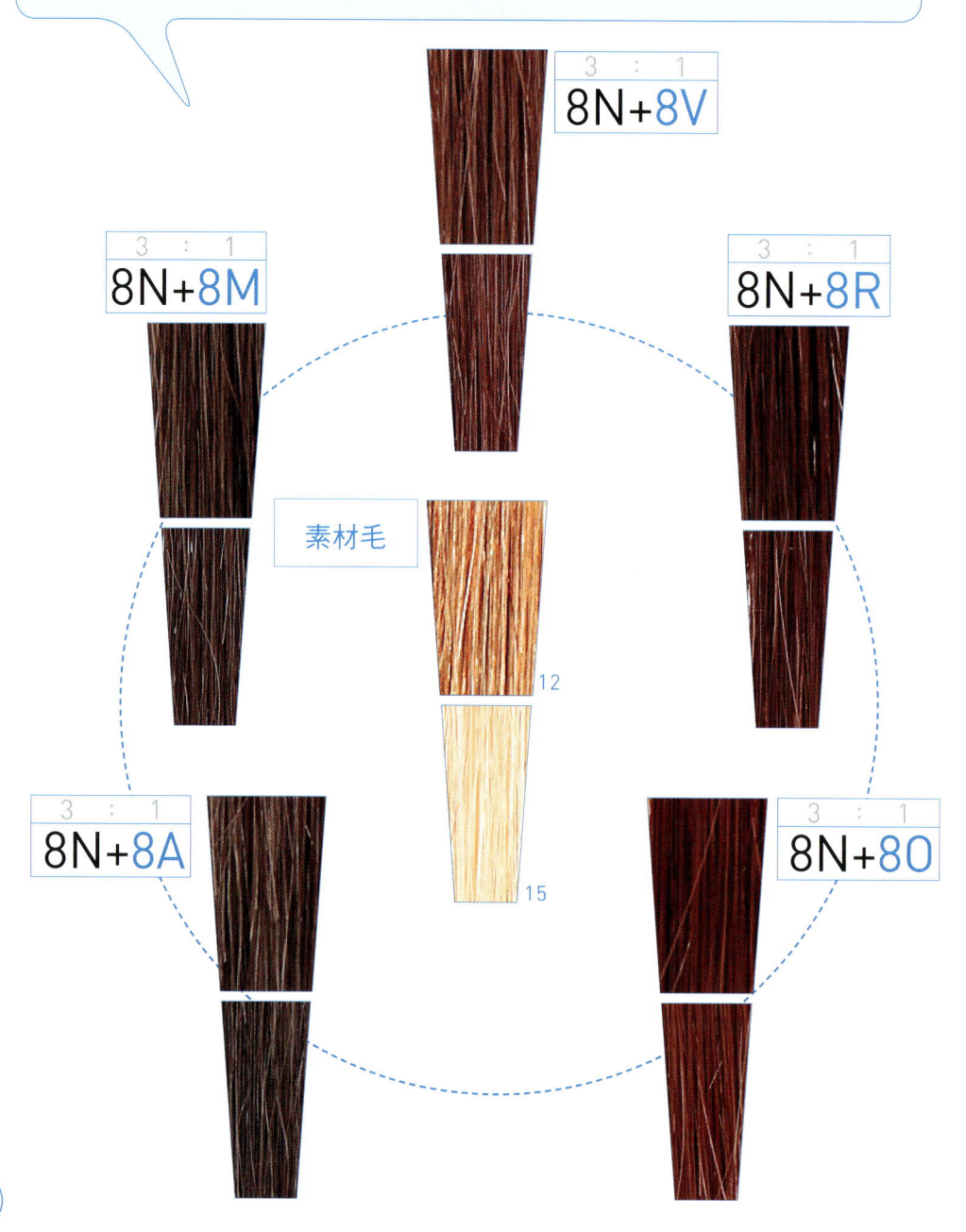

3 : 1　8N+8V

3 : 1　8N+8M

3 : 1　8N+8R

素材毛
12
15

3 : 1　8N+8A

3 : 1　8N+8O

Bが広げるバリエーション

「8レベル・ナチュラルブラウン」という限定された幅の中でも、色相の提案が可能になるのがA＋Bブレンドのメリット。しかも選ぶ色相で計算と予測ができます。P28〜29にあげた色相はもちろん、色みを変えることでバリエーションはもっと広がります。

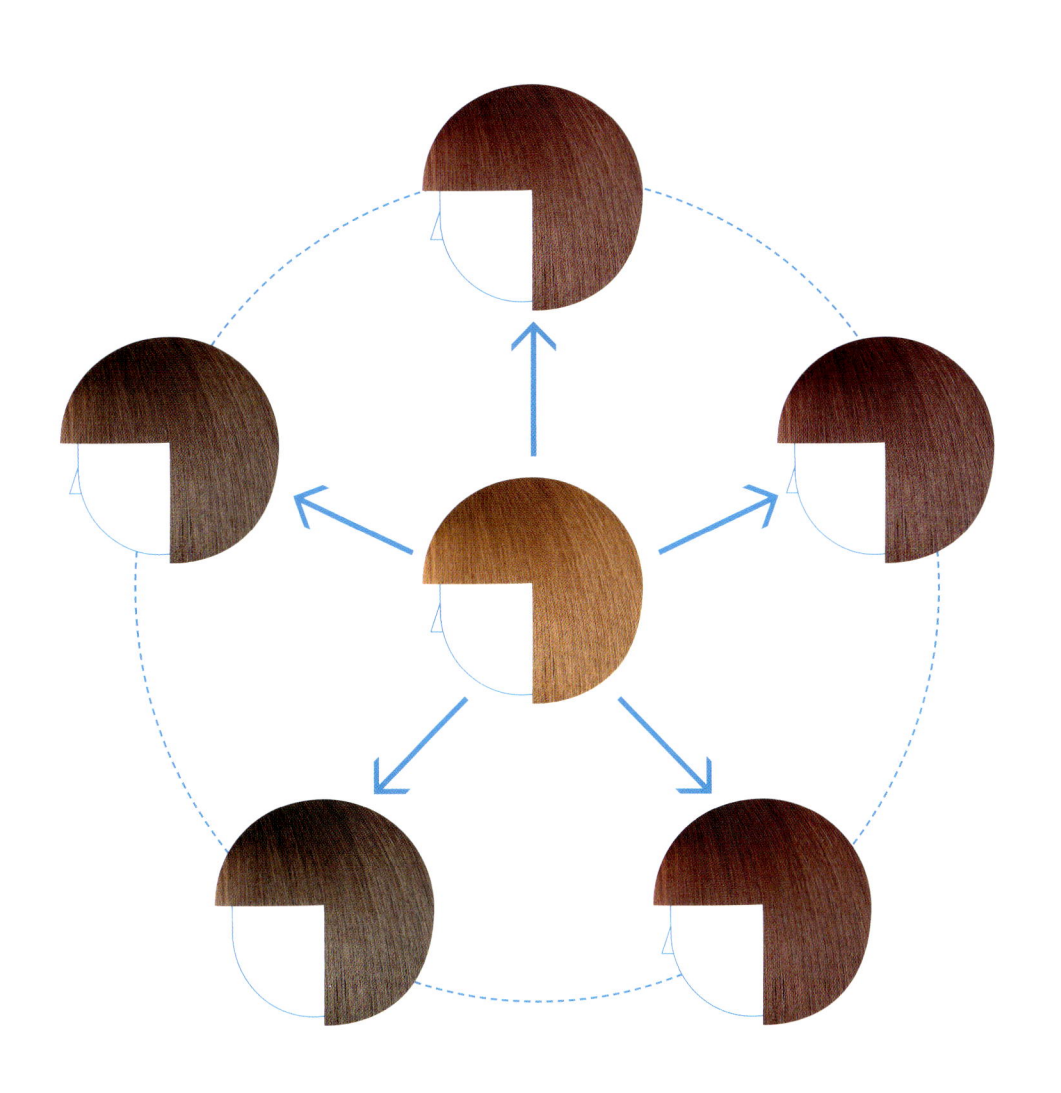

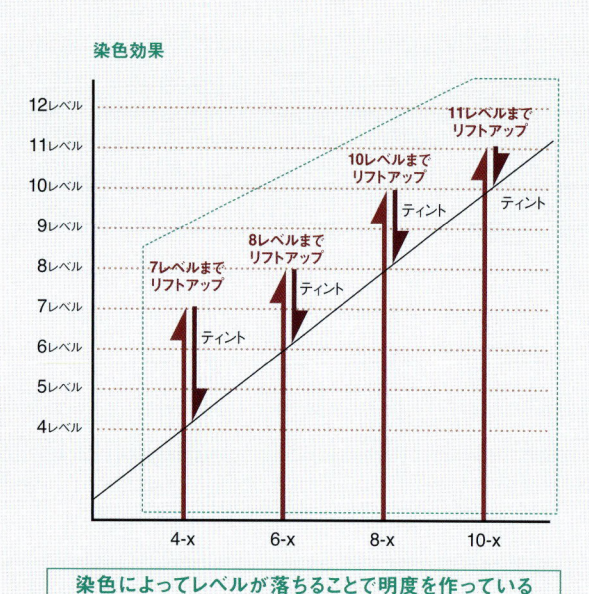

Column A＋B ③ ｜ レベルが低いと色素量が多く、高いほど色素量は少ない

染色効果

```
12レベル ┊
11レベル ┊                                    11レベルまで
10レベル ┊                                    リフトアップ
 9レベル ┊                          10レベルまで
 8レベル ┊                          リフトアップ
 7レベル ┊              8レベルまで        ティント
 6レベル ┊              リフトアップ
 5レベル ┊   7レベルまで       ティント
 4レベル ┊   リフトアップ
         └──ティント────────────────────────
            4-x      6-x      8-x     10-x
```

染色によってレベルが落ちることで明度を作っている

カラー剤は、レベルが低いほどリフト力は小さく色素量は多くなります。逆にレベルが高くなるほど、リフト力は上がり色素量が減っていきます。ブリーチの力でいったん明度が上がり、染料の力で明度が落ちる仕組みだからです。

左がその相関関係のグラフです。

たとえば4レベルのカラー剤は、リフト力で約7レベルの段階まで明るくなり、染料の力で約3レベル分落ちることで、4レベルという明度を作っています。グラフが示すように、6レベルの場合は、8レベルまで上がって染料の力で約2レベル下がった結果、6レベルになっています。

レベルが高くなるに従って色素量の割合が少なくなっていき、10レベルでは、11レベルまで上がって、染料で1レベル分下がります。レベルが高いほど、ブリーチが多く色素量は少なくなり、レベルが低いほどブリーチが少なく、色素量が多くなる関係ということです。

A+Bでこのメカニズムを活用したのが(A＋A')、(B＋B')ブレンドの考え方。同じレベルの範囲で、少し明るくしたければ2レベル上のカラー剤を混ぜることでそのリフト力と色素量を、逆に暗くしたければ2レベル下のカラー剤を混ぜて色素量を足すわけです。

8レベルが軸なら、6レベルと10レベルでコントロールすれば、色素量とリフト力が調整できます。7レベルを軸にするなら、5レベルと9レベルになるという関係で覚えましょう。

色を作る・2
A+Bを広げる

A+B=3:1の比率は一定のまま、色を広げます。
この方法は、提案と似合わせに効果を発揮します。
明度と彩度を微妙にコントロールするので、
季節の変化のタイミングで少しだけチェンジをしたい…、
色調はこのまま、少しだけ明るさがほしい…
といった要望に、計算で応えていくことができるからです。
カラー剤の持つ、レベルが高いとリフト力が大きく色素量が少ない
レベルが低いほど、色素量が多いという性質の活用です。
式にカラー剤を当てはめていきましょう。

| A+B | (A+A')+B | A+(B+B') | (A+A')+(B+B') |
| 3:1 | 3:1 | 3:1 | 3:1 |

A+Bの比率は一定

8レベル A+Bのコントロール ①
(A+A')(B+B')の効果

AとBそれぞれの中でのコントロールの方法です。
Aで明度をBでは彩度を微調整。ここでもナチュラル比率のベストバランス、A+B＝3:1、8レベル・ナチュラルと8レベル・オレンジを例に考えていきます。

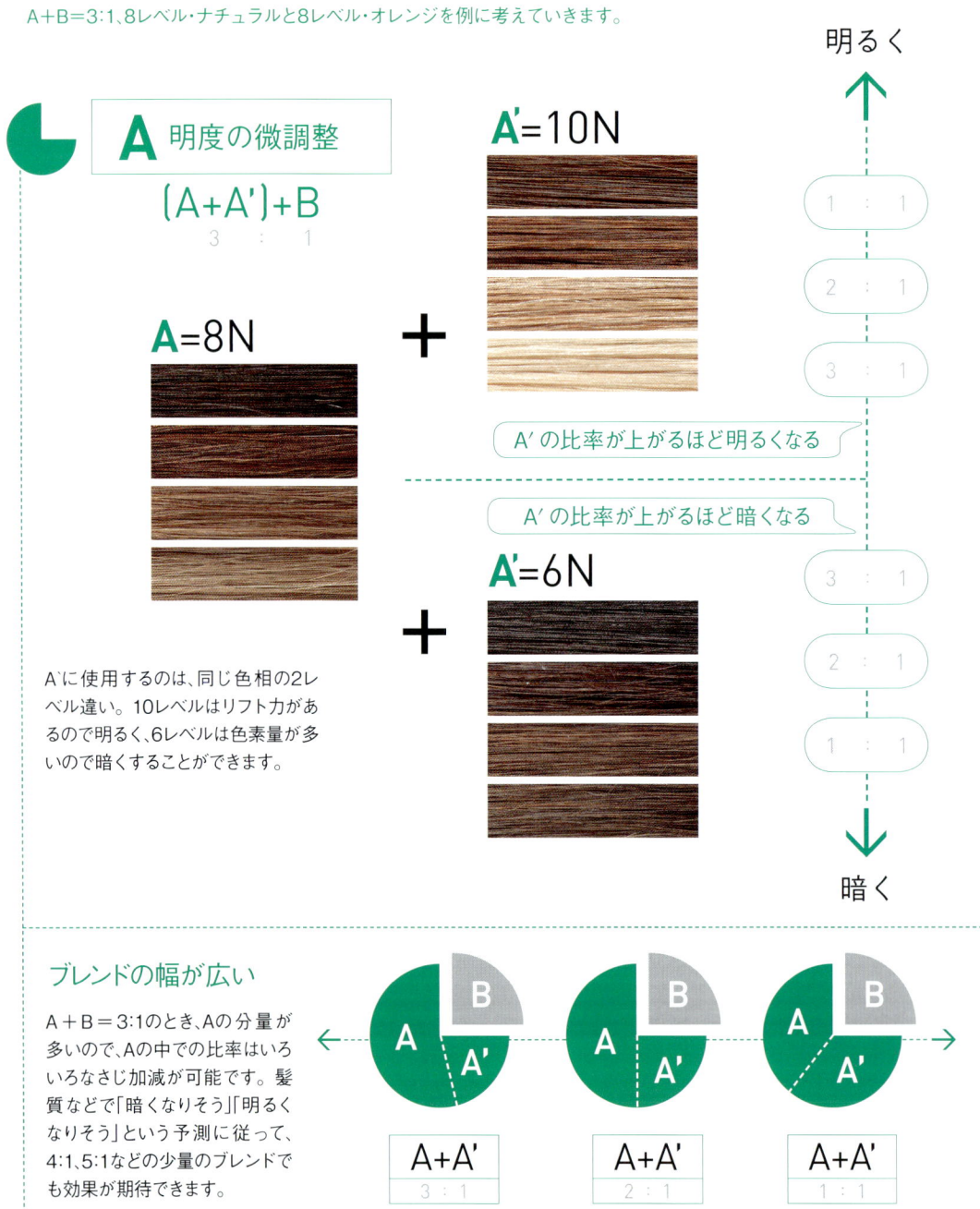

A 明度の微調整

(A+A')+B
3 ： 1

A=8N

A'=10N

A'の比率が上がるほど明るくなる

1 : 1
2 : 1
3 : 1

明るく ↑

A'=6N

A'の比率が上がるほど暗くなる

3 : 1
2 : 1
1 : 1

暗く ↓

A'に使用するのは、同じ色相の2レベル違い。10レベルはリフト力があるので明るく、6レベルは色素量が多いので暗くすることができます。

ブレンドの幅が広い

A＋B＝3:1のとき、Aの分量が多いので、Aの中での比率はいろいろなさじ加減が可能です。髪質などで「暗くなりそう」「明るくなりそう」という予測に従って、4:1、5:1などの少量のブレンドでも効果が期待できます。

A+A'
3:1

A+A'
2:1

A+A'
1:1

B 彩度の微調整

A+(B+B')
3 : 1

B=80

B'=100

B'=60

↑ 淡く明るく

1 : 1
2 : 1
3 : 1

B'の比率が上がるほど淡くなる

B'の比率が上がるほど濃くなる

3 : 1
2 : 1
1 : 1

↓ 濃くあざやかに

(A+A')+(B+B')

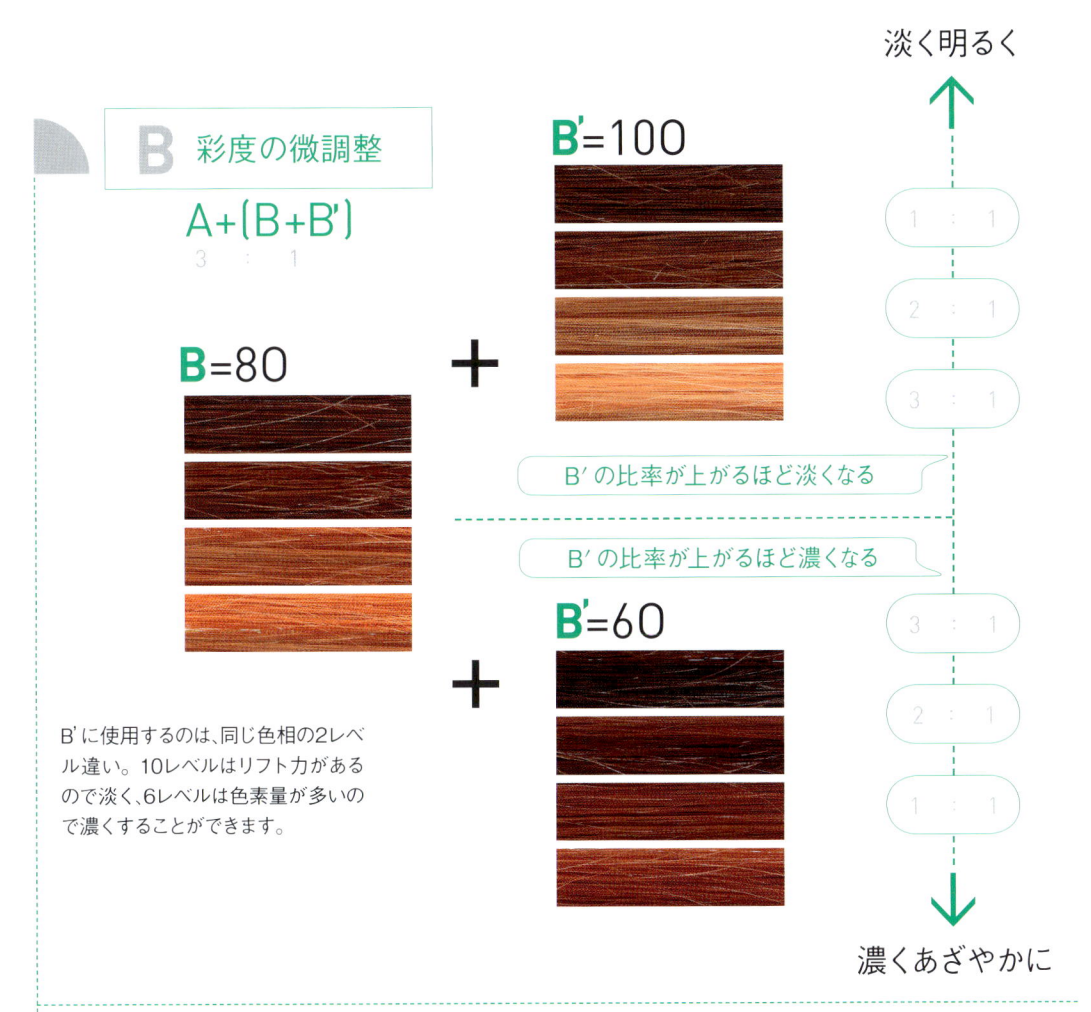

B'に使用するのは、同じ色相の2レベル違い。10レベルはリフト力があるので淡く、6レベルは色素量が多いので濃くすることができます。

ブレンドの幅が狭い

A＋B＝3:1の比率では、もともとBの占める割合が小さいので、あまり細かく比率を刻んでも、効果が期待できません。B＋B'＝1:1より大きな効果が必要なら、8レベルのブレンドを使用せず、6または10に切り替えます。

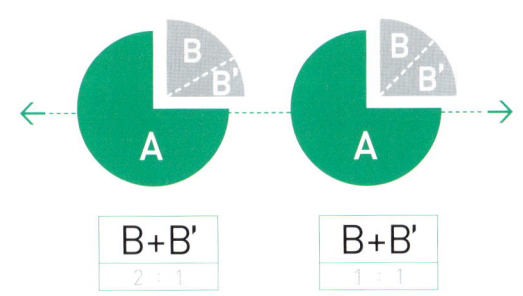

A | B+B' (2:1)
A | B+B' (1:1)

8レベルA+Bのコントロール ②
ブレンドで明度を変える

8レベル・ナチュラル単品と、A+A'のブレンドで作る8レベル・ナチュラルを
比較して、その効果を見ていきましょう。
2レベル違いの色素量とリフト力の組み合わせで、
微妙な明度の変化が作れます。

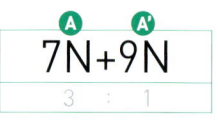

8N

A	A'
7N+9N	9N+7N
3 : 1	3 : 1

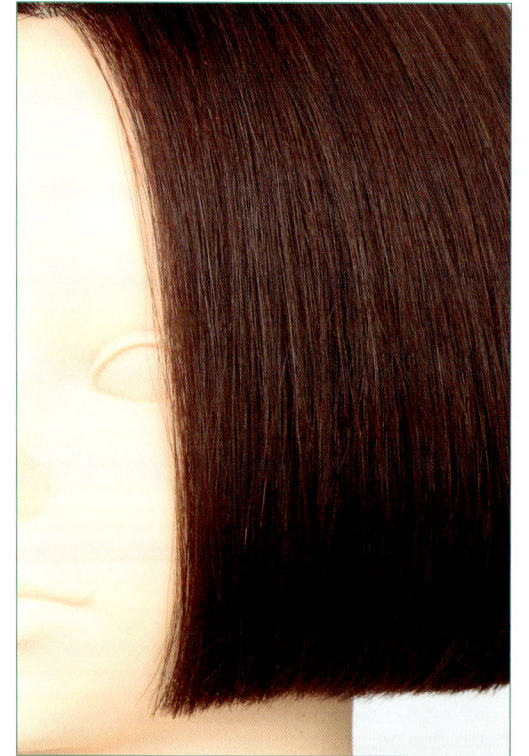

8レベル・ナチュラルのバリエーション（A+A'）

```
                    8N+10N
                      ↑ 明るく
         深く
7N+9N   ←     8N    →   9N+7N
                    やわらかく
                      ↓ 暗く
                     8N+6N
```

「A」に2レベル違いの「A'」を3:1でブレンドすると、
8レベルの範囲内で明度の微調整ができます。

[A+A']+[B+B']

A	A'
8N+6N	
3 : 1	

6/8

A	A'
8N+10N	
3 : 1	

10/8

053

8レベルA＋Bコントロール ③
明度と彩度を変える

A＋Bの調整を明度メインで行うか、彩度中心に考えるかで、色の方向を変えることができます。ナチュラルの幅の中で、よりナチュラルさを活かしたければ明度（A＋A'）で、色みのニュアンスを強調したければ彩度（B＋B'）で調整しましょう。

8N

(8N＋6N)＋80

(8N＋10N)＋80

（A＋A'）で明度を、（B＋B'）で彩度を調整

$$(8N+10N)+80$$
↑明るく
濃く　　　　　　　　　　　　　淡く
$8N+(80+60)$ ← $8N+80$ → $8N+(80+100)$
暗く ↓
$(8N+6N)+80$

Aの変化で明暗コントロール、Bの変化で濃淡のコントロールができます。
A、B両方とも変えると、(A+A')+(B+B')になります。

8N+80

[A+A']+[B+B']

8N 80/60　A **8N+(80+60)** B:B' 1:1　3:1

8N 80/100　A **8N+(80+100)** B:B' 1:1　3:1

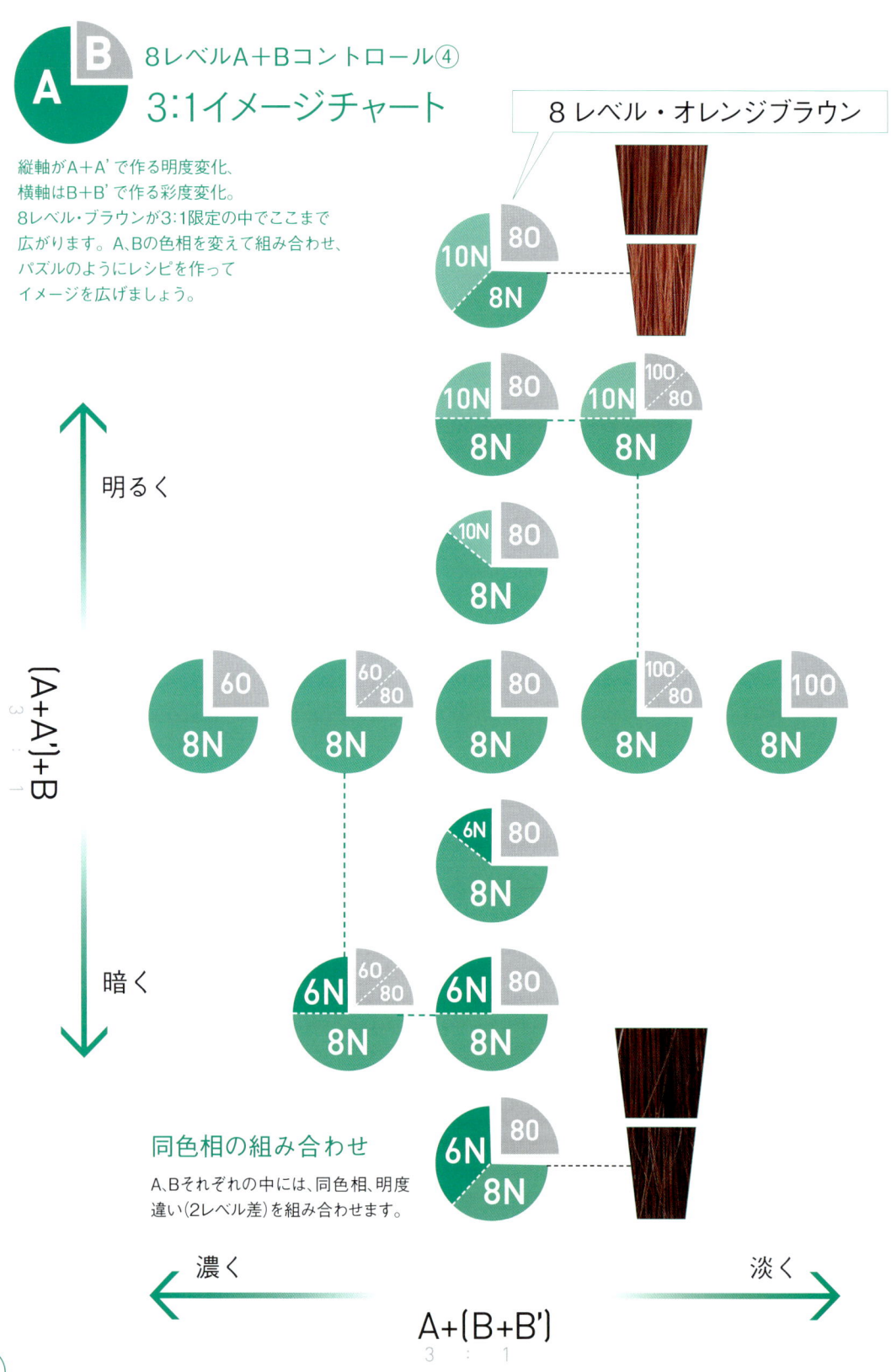

8レベルA＋Bコントロール④
3：1イメージチャート

縦軸がA＋A'で作る明度変化、横軸はB＋B'で作る彩度変化。
8レベル・ブラウンが3：1限定の中でここまで広がります。A、Bの色相を変えて組み合わせ、パズルのようにレシピを作ってイメージを広げましょう。

8レベル・オレンジブラウン

↑ 明るく
↓ 暗く

(A+A')+B
  3 : 1

同色相の組み合わせ
A、Bそれぞれの中には、同色相、明度違い（2レベル差）を組み合わせます。

← 濃く   淡く →

A+(B+B')
 3 : 1

8 レベル・アッシュブラウン

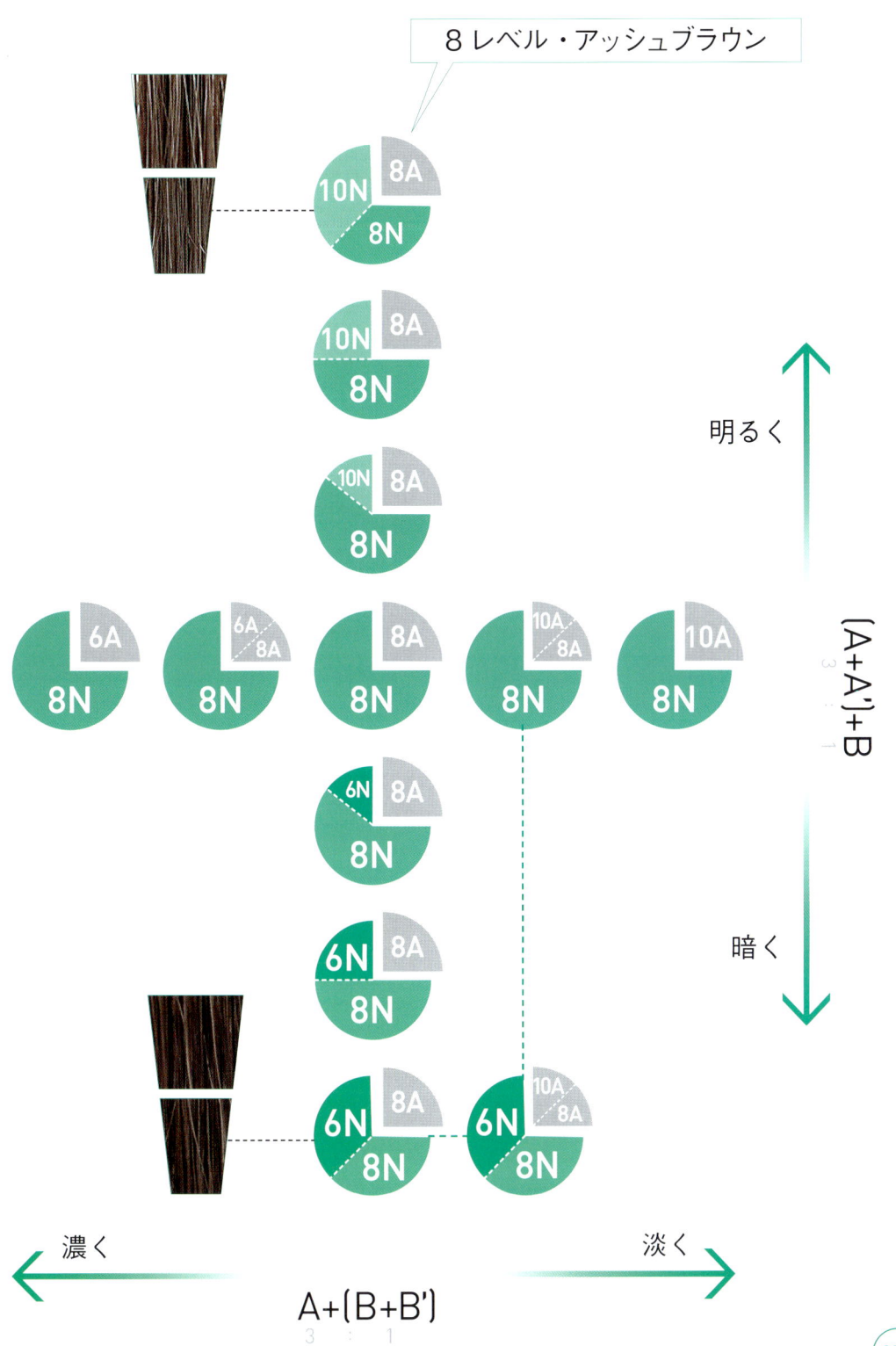

A+B column ④　微アルカリカラー剤は既染毛に有効に働く

アルカリカラーと微アルカリカラーの違い

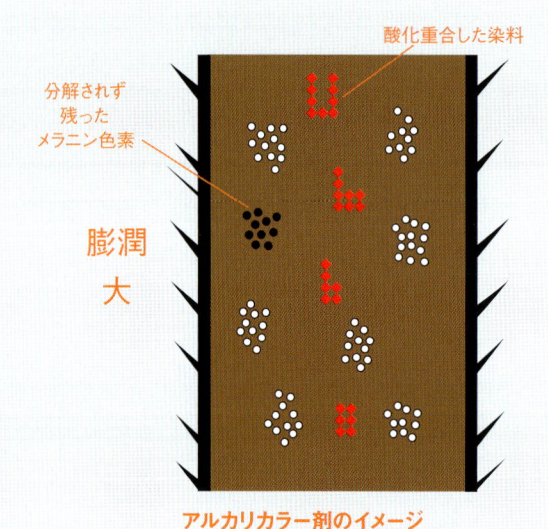

酸化重合した染料

分解されず残ったメラニン色素

膨潤
大

アルカリカラー剤のイメージ

膨潤
小

微アルカリカラー剤のイメージ

カラー剤のパワーは、1剤のアルカリ量とpH、2剤の過酸化水素濃度（オキシ濃度）で決まります。アルカリ量が多くpHが高いほど、過酸化水素の働きが活発になってパワーが強くなるのです。

微アルカリカラー剤（弱アルカリ、低アルカリと呼ばれる場合もある）とは、通常のアルカリカラー剤より、アルカリ量を低く抑えてある製品です。アルカリ量が低いため、キューティクルの膨潤は抑えられ、過酸化水素の活性が下がって、メラニンを分解する力が下がります。

結果として、毛髪への影響はアルカリカラー剤より、タンパク質が流出しにくいためダメージが軽減される反面、明度を上げる力は弱いということになります。

ですから、明度を上げなくてもよい施術、ダメージを進めたくない場合に適しており、バージン毛には適していません。既染部、褪色部など、すでに明度が上がっている場合に使いやすいカラー剤です。繰り返しのカラーでダメージが進んでいる場合、ハイトーン毛などには必須です。

またメンテナンスの場合には、新生部にはアルカリカラー剤、既染部には微アルカリカラー剤という使い分けができるので、最適です。

A+Bブレンドは、毛髪の状態に応じて、部位ごとに薬剤を作り分けるので、微アルカリカラー剤の使いこなしも必然。

アルカリカラー剤と微アルカリカラーの使い分けは、ホームカラーには絶対できない、プロフェッショナルカラーだけの特徴だということも意識して、既染毛対応に活用しましょう。

色を見る・2
A+B design

ローライトとハイライトをプラスしたケース、ブリーチリタッチのケースなども紹介しました。
ストレートヘアとカールさせた場合での色の印象、
風で動いたときに見える色の表情、透け感にも注目してください。
静と動、線と面、量感の違いによって、同じ色にも微妙な変化が見えてきます。
巻末のレシピを参照しながら、色を見る目を鍛えましょう。
オレンジ系の中にも色々なオレンジがあり、
アッシュ系の中にもさまざまなアッシュがあることを確認しましょう。

Beige

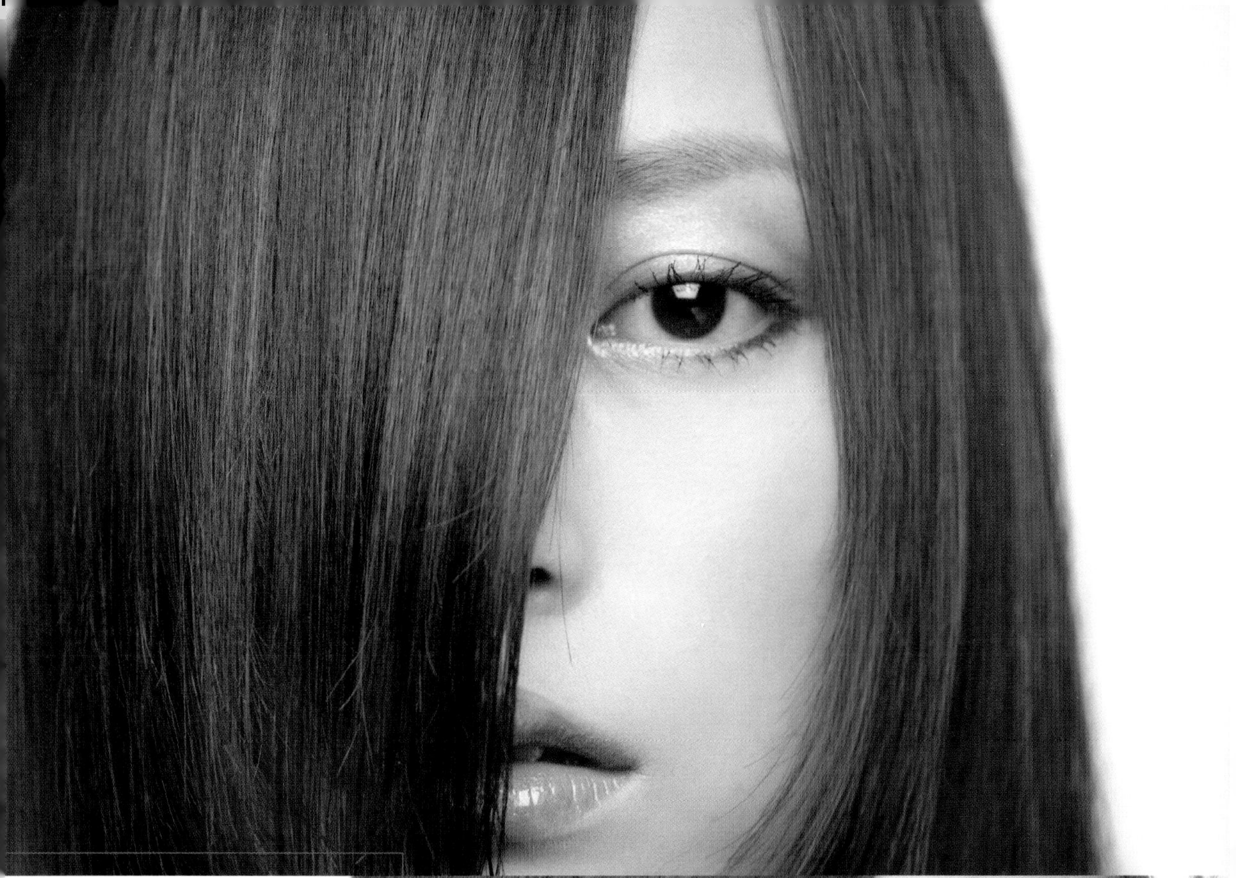

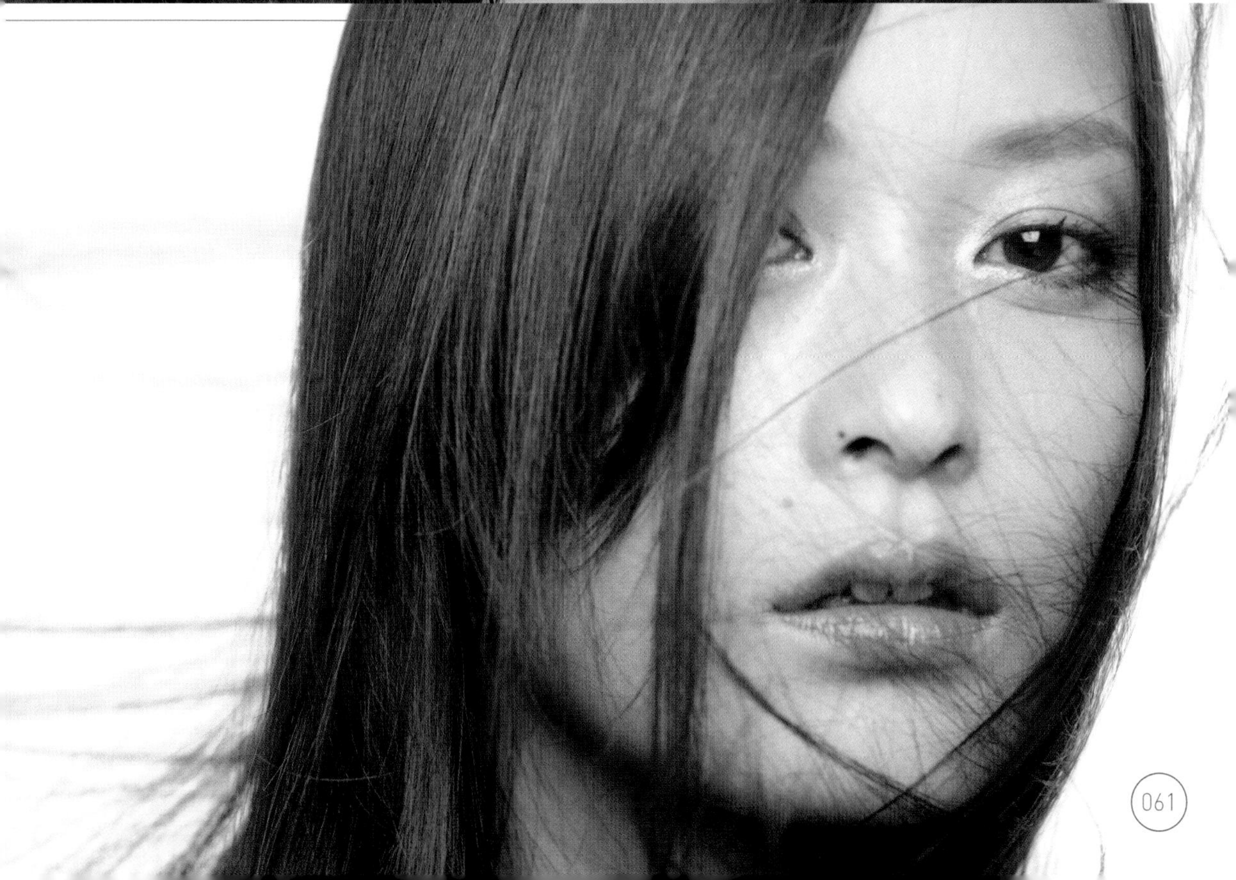

Gold

Violet

Orange

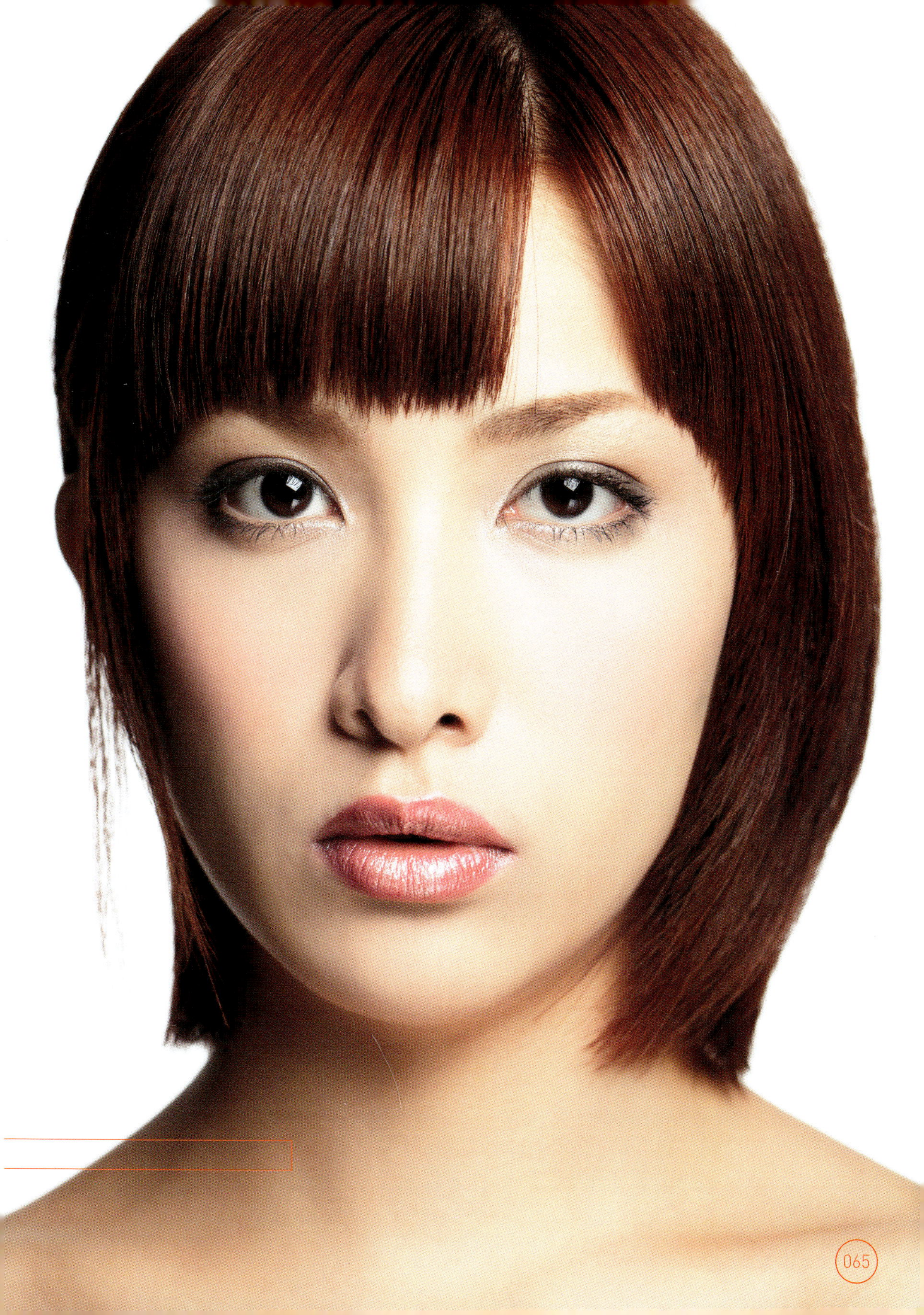

Orange

067

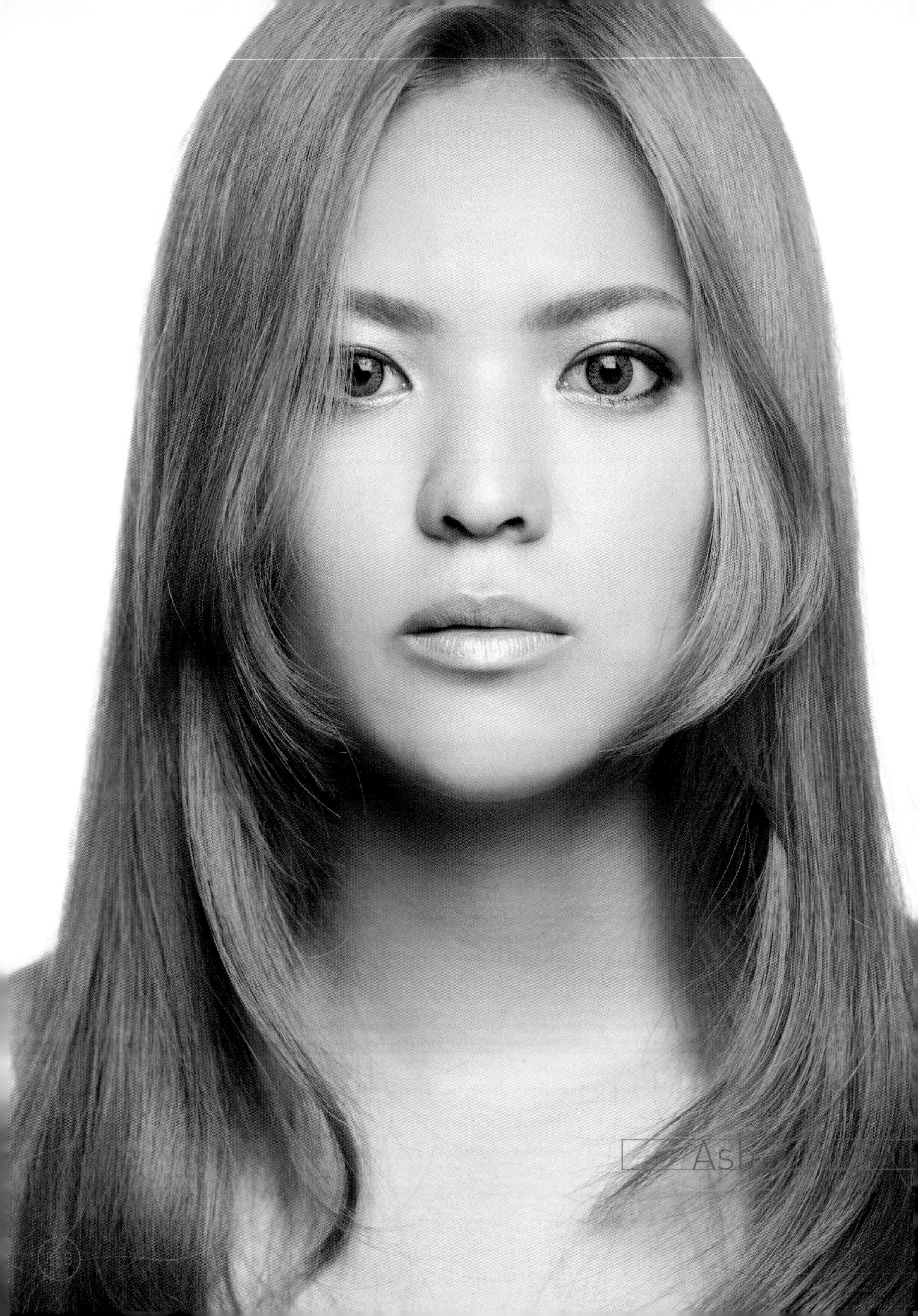
As

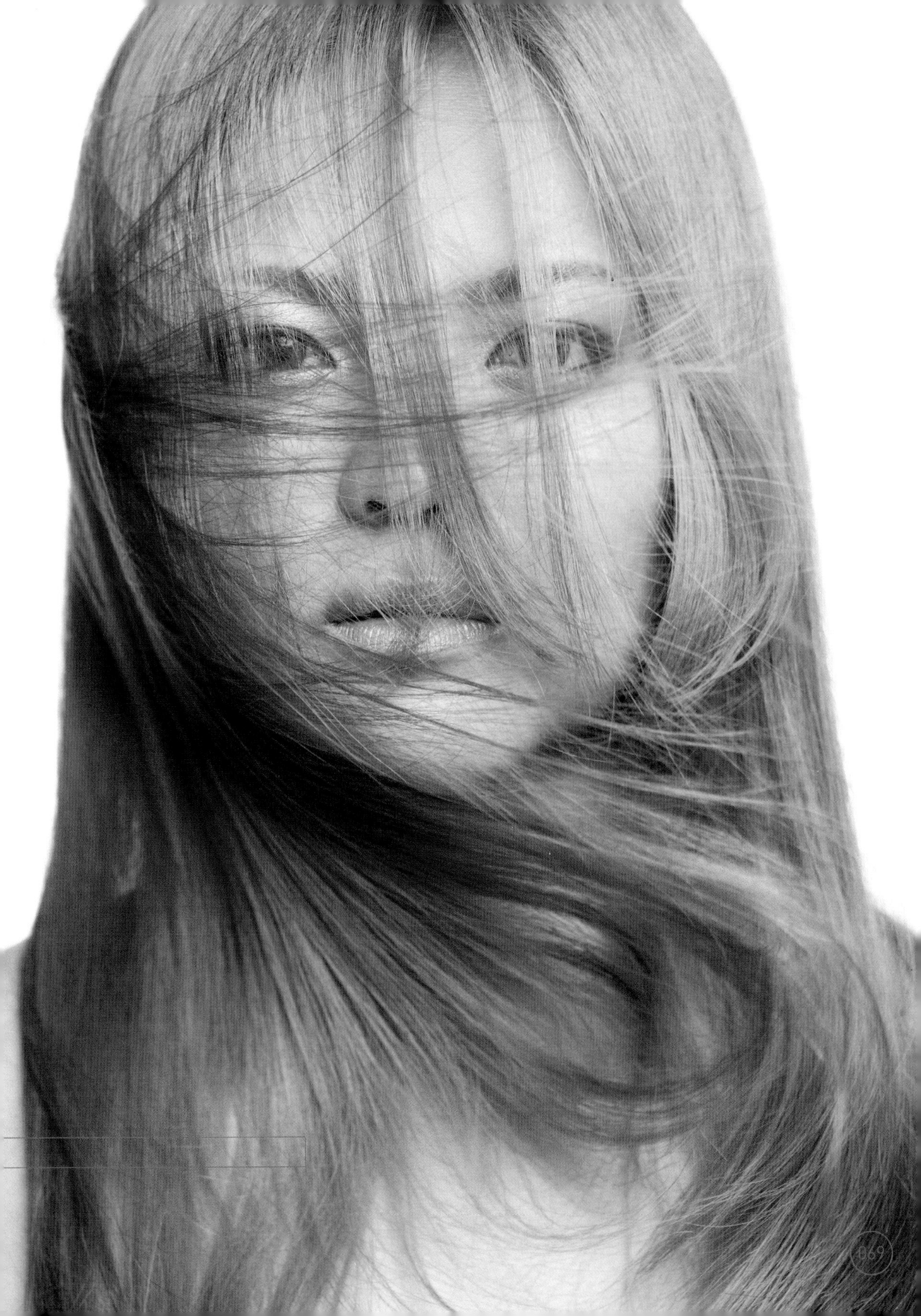

Ash

色を合わせる

A+Bメンテナンス

前章で紹介した(A+A')の明度微調整。メンテナンスにはとても効果を発揮します。
根元は新生毛、ティントが残った中間部分、褪色が進んだ毛先部分…と、
アンダートーンの状態が複雑に混在しているのが黒髪既染毛。
この「混在」したアンダートーンの明度を揃えるのに、Aと(A+A')の組み合わせで計算します。
A+B＝3:1の比率は一定のまま、Bは新生部も既染部も同じにすれば彩度は揃います。
新生部はAを1色決め、既染部には2レベル下の色素量の多いA'をブレンドするのが基本。
メンテナンスは、根元から毛先まで比率3:1の「比率一定の法則」と覚えて、
式を組み立てましょう。

A+B	(A+A')+B
3 : 1	3 : 1

A+Bの比率は一定

8レベルA＋Bメンテナンス ①
2分割毛のワンメイク

明度は（A＋A'）の方法で、新生部と既染部を合わせます。
彩度（B）は新生部も既染部も同じ量のブレンドにしておけば、
明度も色みも同時に合わせることができます。
Bは一定、A'のブレンドがポイントです。

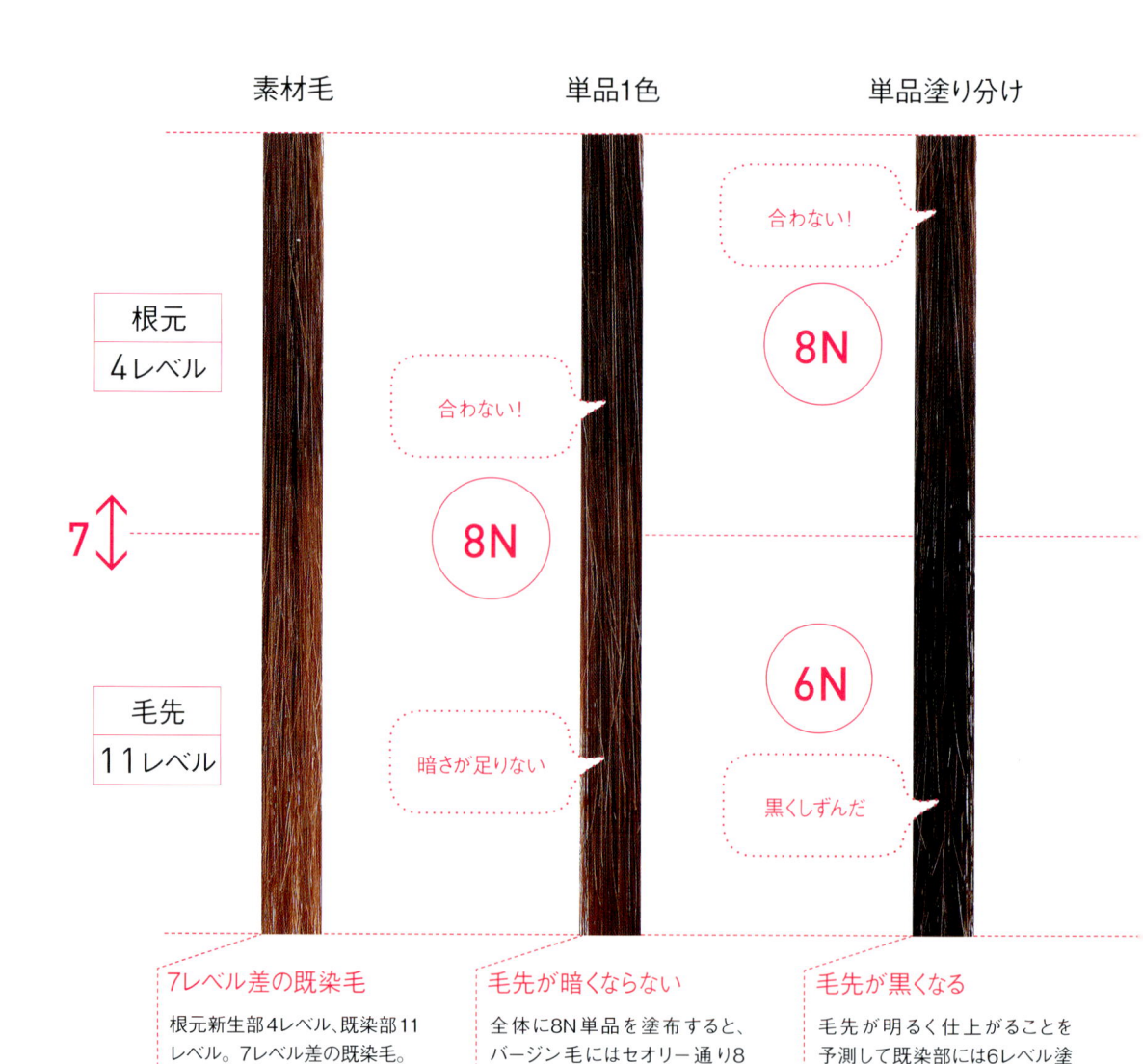

素材毛	単品1色	単品塗り分け

根元 4レベル

毛先 11レベル

7レベル差

単品1色：8N　「合わない！」「暗さが足りない」

単品塗り分け：8N / 6N　「合わない！」「黒くしずんだ」

7レベル差の既染毛
根元新生部4レベル、既染部11レベル。7レベル差の既染毛。

毛先が暗くならない
全体に8N単品を塗布すると、バージン毛にはセオリー通り8レベル・ナチュラルが発色。アンダートーンが明るいので既染部は暗くなりきれません。

毛先が黒くなる
毛先が明るく仕上がることを予測して既染部には6レベル塗布。レベルが下がると色素量が増えるので、毛先が黒く発色します。

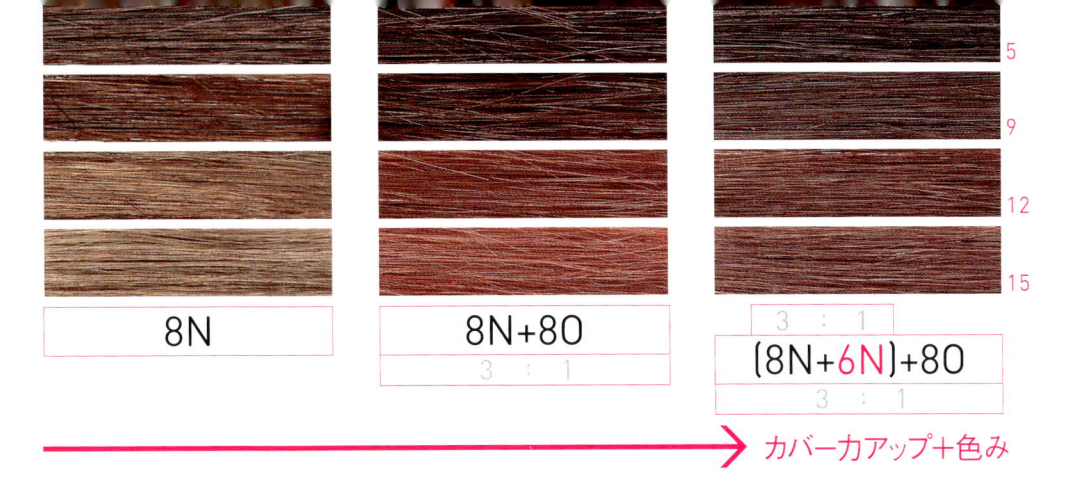

8N	8N+80	(8N+6N)+80
	3 : 1	3 : 1
		3 : 1

→ カバー力アップ＋色み

単品＋ブレンド　　ブレンド＋ブレンド

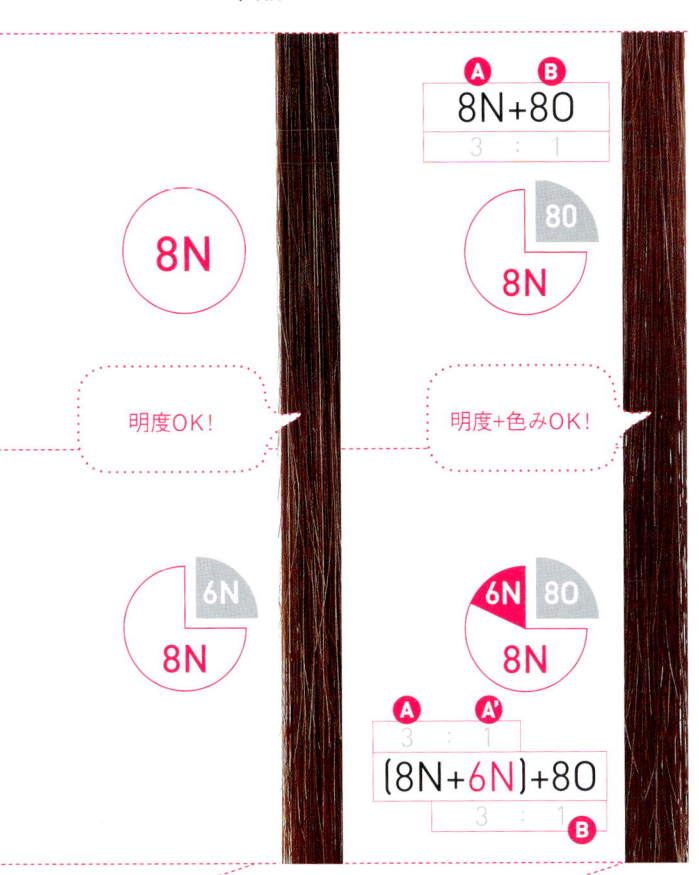

A　B
8N+80
3 : 1

8N

80
8N

明度OK！　　明度＋色みOK！

6N
8N

6N 80
8N

A　A'
3 : 1
(8N+6N)+80
3 : 1
B

既染部からの発想

カラー剤のレベルと色みは、バージン毛に塗布した時の発色で処方されています。ですから、新生部のトーンアップは問題ありません。必ず発色する新生部を先に決めて、計算の必要な既染部をそこに合わせようとするから、色合わせが難しくなってくるのです。逆転の発想で、まず問題のある既染部から考えましょう。

ブレンドでカバー力アップ

全体を8レベル・ナチュラルにしたいとき、既染部に足りないものは…？前回のカラーで抜けたメラニン色素。メラニンの代わりにブラウン系を足せばいい。でも、レベルを落とすと色素量が多すぎて暗くなりすぎそう…。そんなときに2レベル下の同じ色相のブラウンを3:1で足す手法の出番です。8レベルの範囲内で、メラニン色素を補うことができます。

明度が合う

A＋A'の考え方で8Nに6Nを3:1でブレンドして、毛先のアンダートーンを調整。全体が8レベル・ナチュラルに揃います。リタッチはできましたが、色の提案になっていません。

明度に対して色味もブレンド

新生部に単品よりニュアンスを求めて、3:1でオレンジをブレンド。既染部は、Aに6Nをブレンドすることで、明度が合い、色みとニュアンスも出します。

just A+B

8レベルA＋Bメンテナンス ②
3分割毛のワンメイク

ロングの既染毛に多いのが3分割のパターンです。
考え方は2分割と同じですが、長さがあるほど毛先は
褪色とダメージが進んでいます。
オキシ濃度を下げる、低アルカリの薬剤を選択するなどの対応が必要です。

	素材毛	単品1色	単品塗り分け
根元 4レベル		合わない！	8N
↕7			合わない！
中間 11レベル		8N	6N
↕3			
毛先 14レベル			6N OX3%
	毛先が褪色した既染毛	毛先にいくほど明るくなる 全体に8Nを塗布すると根元だけ8レベルになり、アンダートーンをそのまま反映して毛先に行くほど明るくなります。	毛先にいくほど暗くなる 明るい中間にレベルを下げて6Nを、褪色とダメージの気になる毛先には、同じ6Nにオキシ濃度を下げて対応。毛先は暗くなります。

8N	8N+80	(8N+6N)+80
	3 : 1	3 : 1
		3 : 1

→ カバー力アップ＋色み

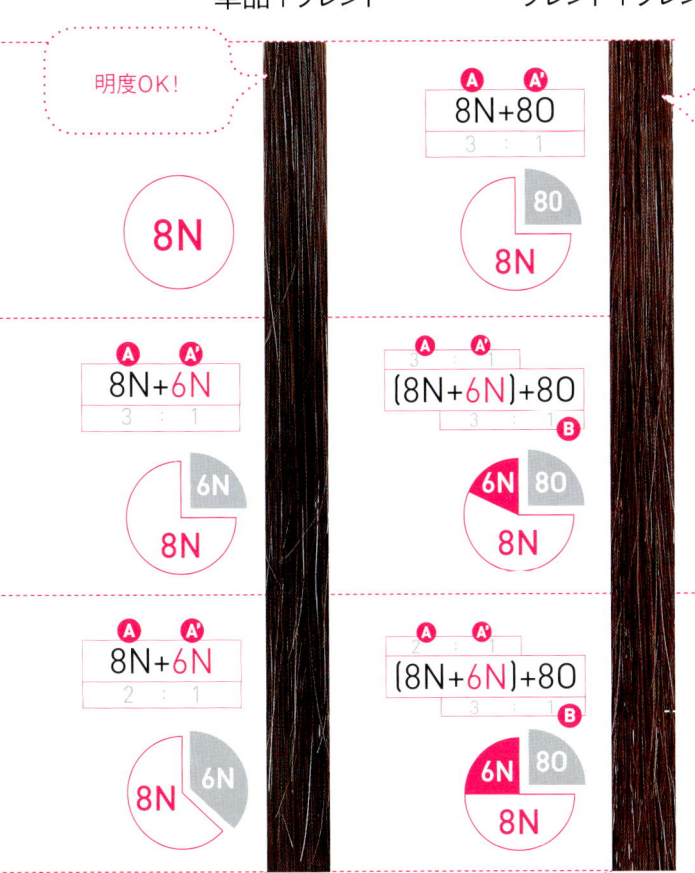

単品＋ブレンド　　ブレンド＋ブレンド

明度OK！

A **A'**
8N+80
3 : 1

明度＋色みOK！

8N

80
8N

A **A'**
8N+6N
3 : 1

A **A'**
(8N+6N)+80
3 : 1
B

6N
8N

6N 80
8N

レベル差が大きいと難しい

色のバランスを合わせるために、全体に対して色の提案が必要です。新生部にも単品発想はしないで色みを3:1でブレンドします。3段階に分かれている場合、根元～中間～毛先と明るくなっているので、根元と毛先のレベル差が大きいのが一般的。このケースでは、4レベルの新生部に対して毛先は14レベル。新生部から決めていくと何を足していったらよいか、難しくなってきます。

A **A'**
8N+6N
2 : 1

A **A'**
(8N+6N)+80
2 : 1
B

8N 6N

6N 80
8N

中間部から決めていく

レベル差の比較的少ない、中間部から決めていきましょう。中間の11レベルを8レベルにトーンダウンしたいとき、足りないブラウンは？　A＋A'の考え方で6レベルを3:1ブレンド。さらに3レベル明るい毛先には、この6Nの比率を2:1に上げて対応します。

明度が合う

根元の発色に合わせるため、中間には6Nを3:1でブレンド、さらに明るい毛先には6Nの比率を上げて2:1ブレンド。明度は合います。

明度に対して色みもブレンド

根元から毛先まで3:1でオレンジをブレンドして色みを出し、中間のAに6Nを3:1でブレンド。さらに明るい毛先は2:1にすると明度が合って色みも出ます。

just A+B

8レベル A+Bメンテナンス ③
ワンメイクバリエーション（2分割）

レベル差の違う2分割毛のメンテナンスをイメージして、3:1のA+Bレシピを作ります。比率さえ守れば、ブラウンベースのA、色みのB、どちらもいろいろなパターンの組み合わせで、色調を広げられます。

8レベルのオレンジブラウン

8N+80
0X6%

(8N+10N)+80
0X6%

8レベルのアッシュブラウン

8AB+8A
0X6%

(8AB+10AB)+8A
0X6%

4レベル

3 ↕

7レベル

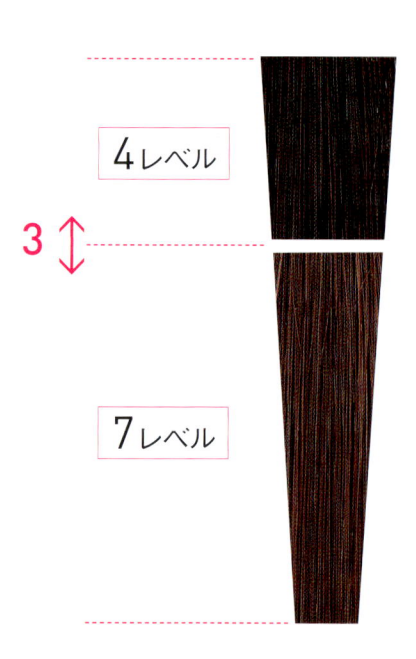

3レベル差

4レベル新生部と3レベル差の既染部7レベルなら、根元も毛先もトーンアップ。新生部には、8レベルカラー剤がそのまま発色するので、3:1でブレンドするだけ。既染部は8レベルだけではトーンアップしきれないので、10レベルをブレンドしてリフト力を上げます。

078

8レベルのオレンジブラウン

8N+8O
A B OX6%

(8N+6N)+8O
A A' OX6%

8レベルのレッドブラウン

8N+8R
A B OX6%

(8N+6N)+8R
A A'
微アルカリ OX3%

just A+B

4レベル

8↕

12レベル

8レベル差

根元新生部はトーンアップ、毛先既染部はトーンダウン。しかもレベル差が8もあるケース。根元新生部はこれまで同様、3:1。毛先はハイトーンなのでダメージを考慮して低アルカリ、3%オキシを選択。8レベルではトーンダウンしきれないので、Aに6レベルを3:1でブレンドします。また、ハイトーン毛に寒色系はムラを起こしやすいので、暖色系で合わせましょう。この次の時点でなら、寒色系も可能です。

A+B 8レベル A+Bメンテナンス ④
ワンメイクバリエーション（3分割）

3分割の場合によくみられるケースは、
根元新生部に対して、
中間から毛先へむかって明るさが増していく場合と、
前回のトーンアップの失敗などで
中間が明るくなっている場合です。

4レベル

5 ↕

9レベル

3 ↕

12レベル

8レベルのオレンジブラウン

8N / 8O
8N+8O
3：1　0X6%

8N / 8O
8N+8O
3：1　微アルカリ　0X3%

6N/8N / 8O
(8N+6N)+8O
3：1　微アルカリ　0X3%

8レベルのピンクブラウン

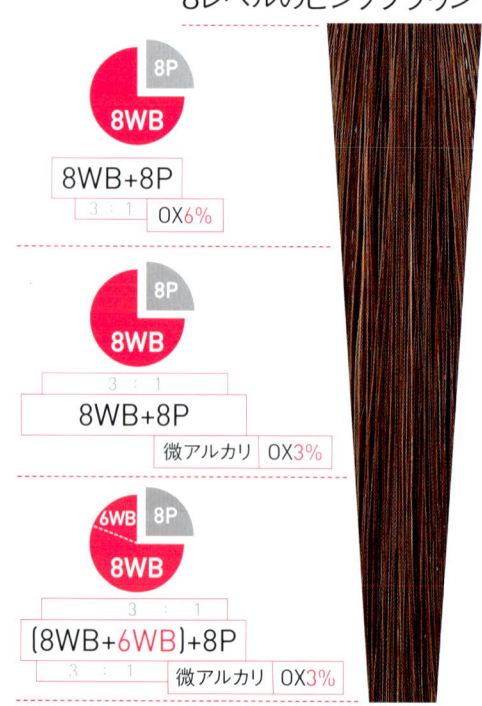

8WB / 8P
8WB+8P
3：1　0X6%

8WB / 8P
8WB+8P
3：1　微アルカリ　0X3%

6WB/8WB / 8P
(8WB+6WB)+8P
3：1　微アルカリ　0X3%

毛先が明るい

4レベル新生部の8レベルへのトーンアップは、通常の3:1の考え方でOK。9レベルから8レベルへのトーンダウンは、下げ幅が少ないので、新生部と同じ比率にして、低アルカリ、3%オキシで対処します。12レベルは8レベルだけでは落としきれないので6レベルを3:1でブレンドします。ハイトーン毛には寒色は色合わせしにくいので避けましょう。

8レベルのオレンジブラウン

8N+8O
3 : 1　OX6%

(8N+6N)+8O
3 : 1　微アルカリ　OX3%

8N+8O
3 : 1　微アルカリ　OX3%

8レベルのピンクブラウン

8WB+8P
3 : 1　OX6%

(8WB+6WB)+8P
3 : 1　微アルカリ　OX3%

8WB+8P
3 : 1　微アルカリ　OX3%

just A+B

4レベル

8 ↕

12レベル

3 ↕

9レベル

中間が明るい

明るい部位が違うだけなので、左のレシピの部位を変えて使うだけでOKです。左では毛先に使った、明度を落とすために6レベルを加えたレシピが、ここでは、中間にくることになります。

Column A+B ⑥　2剤の役割と濃度の影響を知って、的確に使いこなそう

オキシのブリーチ力と発色の関係

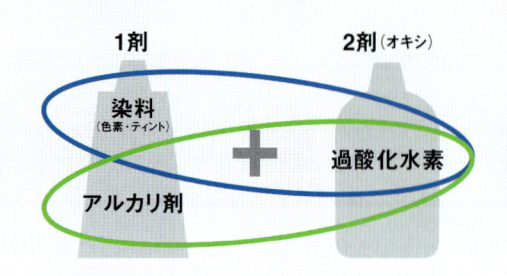

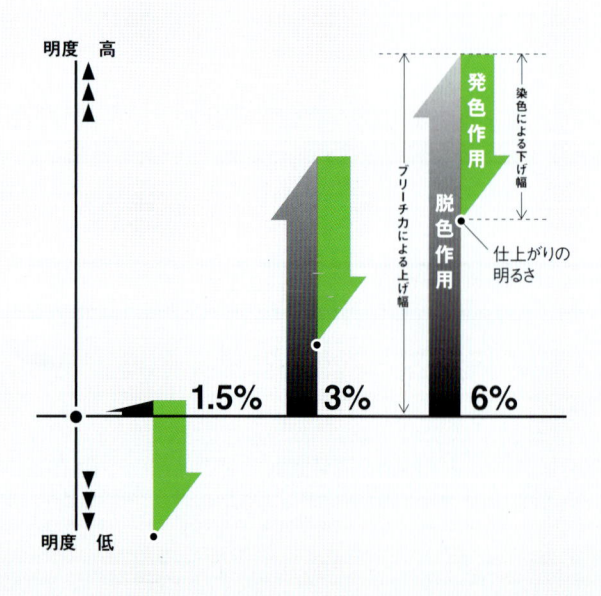

1剤　　2剤（オキシ）
染料（色素・ティント）
＋
過酸化水素
アルカリ剤

明度　高
発色作用
染色による下げ幅
仕上がりの明るさ
脱色作用
ブリーチ力による上げ幅
1.5%　3%　6%
明度　低

酸化染毛剤の2剤は、酸化剤（オキシダイザー）を略して、「オキシ」と呼ばれ、脱色・発色両方の作用を左右します。1剤のアルカリと混ざって活性酸素を放出し、メラニン色素を分解して明度を上げる一方、染料を酸化重合させて発色を促す働きです。

濃度は高いほど酸化力が強く、メラニンの分解力もスピードも上がります。

酸化重合（発色作用）に必要とされるオキシ濃度は約1%。メラニン色素の分解（脱色作用）にはさらに高濃度が必要です。濃度の選択は、プロフェッショナルだけにできる高度な技法。髪質や目的で使い分けます。

オキシ濃度6%は3%の2倍にはならず、1,5%になると大幅に効力が下がります。

●6%…脱色も発色も確実
酸化力が強く、メラニン色素を分解してしっかり明度を上げる。スピードもパワーも強く、染まりにくい髪、バージン毛に対応。トーンアップに適している。

●オキシ3%…適度な脱色と確実な発色
メラニン色素の分解は少なめで、発色は確実。時間をかけてゆっくり作用するので、明度はあまり上がらないが色みはしっかり濃く出せる。既染毛、褪色毛に対応。トーンダウンに適している。

●1,5%…脱色は期待できない
メラニン色素は分解しない。理論的には酸化重合が起こり、発色が期待できる濃度だが、低〜中レベルのカラー剤の場合には発色不足になる可能性もあり、特に彩度が出にくい。ダメージ毛に対応。トーンアップには適さない。

色の調整

(A+B)をCで補正

色を作ることはA＋Bでほとんどできますが、素材毛の髪質、ダメージ度によって、
特別な対応が必要になることがあります。
たとえばホームカラーの繰り返しやハイトーンのブリーチ、
ホット系パーマやアイロンストレートなどで、タンパク変性が進んでいるとき。
髪は色素を吸い込みやすい状態になっています。こうした状態にトーンダウンをしようとすると、
薬剤が早く浸透しすぎて、暗く沈みこんでしまうことが起こりがちです。
色が沈み込むことを防ぐために、放置時間をおかず早く流してしまいがちですが、
放置時間が不足すると、定着が悪く、褪色が早くなってしまいます。
そういうときには、A＋Bで決めた色全体に対して
「少し弱める」「少し強める」「少し薄める」という方法で補正します。
補色、加色、減色のプライミングとクリア剤の活用です。
A＋Bの比率は一定のまま、全体に対して補正します。

$$(A+B)+C$$
$$3 : 1$$

（8レベルA＋Bブレンド）+C ①
プライミングの最適比率

失われた色素を補正するプライミングは、大きく分けて3通り。
アンダーと同じ色である補色を足して、出やすい色を抑える方法。
ブラウンを補うために加色する方法。
リフト力と染料の量を変化させる減色法。
それぞれの最適量を見ていきましょう。

素材 12 レベル

A B
8BB+8A
3 : 1
プライミングなし

A B C
(8BB+8A)+8PO10%
3 : 1
アンダーと同じ色を加える

（A＋B）＋C… プライミングの方法と最適量

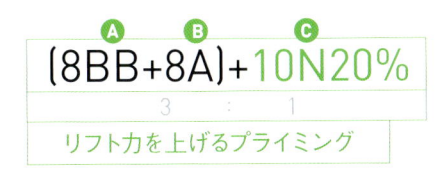

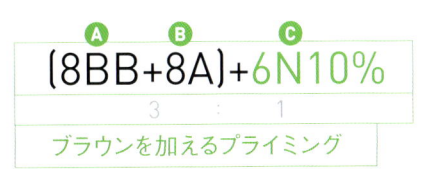

A **B**
8BB+8A
3 : 1

→ **C** 補色 +PO10%
→ **C** 減色 +10N20%
→ **C** 加色 +6N10%

A **B** **C**
(8BB+8A)+10N20%
3 : 1

リフト力を上げるプライミング

A **B** **C**
(8BB+8A)+6N10%
3 : 1

ブラウンを加えるプライミング

(A+B)+C

A+B+C

（8レベルA＋Bブレンド）＋C②
クリア剤の最適比率

色を変化させずに、カラー剤を薄めるのがクリア剤。
ダメージのために浸透が早すぎて暗くにごる髪に対して、
浸透スピードを遅らせる効果があります。
クリア剤のミックス比率が高いほど色は変わらず濃度が下がり、
浸透が遅くなります。

素材 **12** レベル

(8BB+8A) ＋ クリア剤 **10%**

(8BB+8A) ＋ クリア剤 **20%**

（A＋B）＋C…クリア剤で薄める最適量

10%　20%　30%　40%

だんだん濃度が下がる

クリア剤が多いほど薄くなり沈みこみが防げる。10〜20%では効果が感じられず、40%は薄くなりすぎ。8レベルなら、30%が最適。

A　B
8BB+8A

(A　B
8BB+8A) + C クリア剤**30%**

(A　B
8BB+8A) + C クリア剤**40%**

(A+B)+C

A+Bの発展

ここまでA＋Bの明度を8レベルに、比率を3：1に限定してブレンドの効果を見てきました。
サロンワークのワンメイクで最も活躍する比率です。A＋Bの可能性はまだまだ広げられます。

① AとBの比率を変える（色相のコントロール）

3：1の基準から比率を変えていきます。Aの分量の多いバランスになるほど、
ナチュラルで落ち着きのあるブラウンになり、Bの分量が多くなるほど、
色みと彩度が強調されていき、印象を変化させる指標になります（p36〜39参照）。

← 色みを抑えた方向へ　　　　　　　　　　　　　　　　　　　色みの強い方向へ →

5：1　←　4：1　←　3：1　→　2：1　→　1：2

※1人のお客様に対して、少しのチェンジを提案するとき。落ち着いた印象にしたいならAの多い比率に、華やかに
見せたいならBの多い比率によせていく、という使い方ができます。

② Aのレベルを変える（明度のコントロール）

8レベルで検証してきたことは、違う明度にしても同じように応用できます。
レベルが低いほど色素量が多くレベルが上がるに従って減っていく、
レベルが高いほどリフト力が高くなるというセオリー（p048参照）を思い出しながら
レベルの違うカラー剤をブレンドして、明度を調整しましょう。

← 明度を少しずつ暗くする　　　　　　　　　　　　　　　明度を少しずつ明るくする →

6　←　7　←　8　→　9　→　10
（B=8）

A+A'の範囲では明度変化が不足するときは、Aそのもののレベルを変えて対応します。

③ Bのレベルを変える（彩度のコントロール）

同じ比率で彩度をコントロールするには、Bのレベルを変えていきます。
レベルを下げると濃く、上げると淡くなります。

← 彩度を少しずつ濃くする　　　　　　　　　　　　　彩度を少しずつ淡くする →

※B+B'の範囲内で彩度変化が不足するときは、Bそのもののレベルを変えて対応します。

④ 比率とレベルを組み合わせる

比率もレベルも変化させると、バリエーションはさらに広がります。
この本で基準にしたルールを習得したら、実験してさまざまなパターンを開発してください。

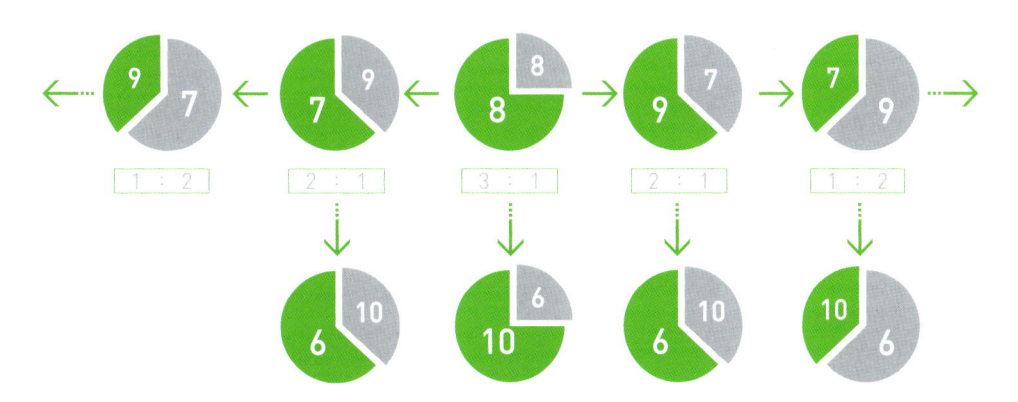

1 : 2　　2 : 1　　3 : 1　　2 : 1　　1 : 2

※A+Bを8+8、7+9、9+7、6+10、10+6、11+5、5+11…という具合に、足して16になるバランスで組み立てると、失敗が少なく、ミディアムトーンのバリエーションが広がります。

レシピの実際

A+B recipe

前半p10 ～、後半p59 ～紹介したカラーデザイン15点のレシピです。
カラー前の髪の状態も、できるだけわかりやすく紹介しています。
それぞれのアンダートーンの状態とレシピの計算式、仕上がりの色をよく見て、
A＋Bの効果をイメージしてください。

071

Column A+B ⑤ 「リタッチだけ」から、「フルメイクメンテナンス」へ

ブラウンコントロールの考え方

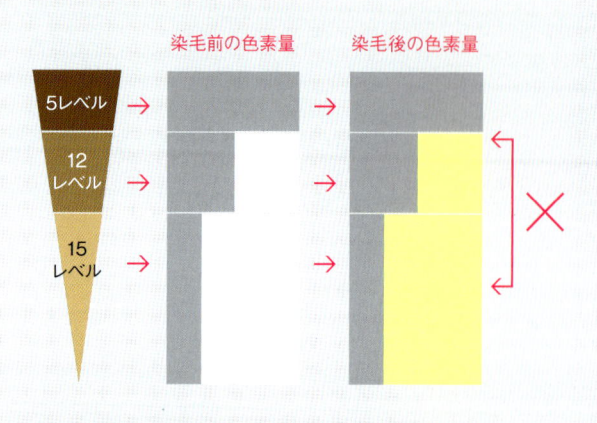

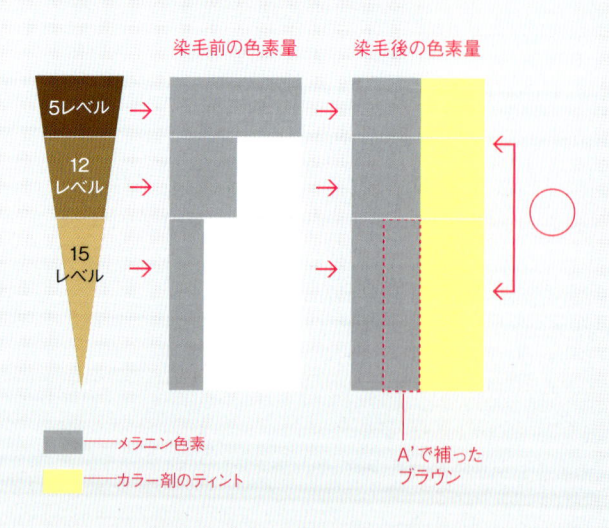

染毛前の色素量　染毛後の色素量

5レベル
12レベル
15レベル

染毛前の色素量　染毛後の色素量

5レベル
12レベル
15レベル

― メラニン色素
― カラー剤のティント

A'で補ったブラウン

ヘアカラーの仕組みは、引き算(メラニン色素の分解)と、足し算(染料の発色)の組み合わせです。毛髪全体のレベルがほぼ揃っているバージン毛であれば、1種類でこの足し算、引き算がうまくいくようにカラー剤は設計されています。

既染毛は、根元から毛先までレベルの違うアンダートーンになっているため、1色で対応しようとすると、色が揃いません。それは既染毛の状態が、左の図のようになっているからです。

5レベルの根元新生部には、メラニン色素が100%。既染部は12レベル相当で約50%、毛先褪色部15レベルと仮定して、さらに半分のメラニン色素。そういうイメージです。

この状態の既染毛に、上の図で示しているように同じカラー剤を足しても、当然、色は揃いません。既染部に不足するメラニン色素を補う必要が出てきます。

下の図で示しているように、中間部分の持っているメラニン色素量に合わせて、根元新生部はリフトアップしてメラニン色素を削ります。毛先褪色部にはメラニン色素を足す必要があるので、ブラウンを加えて明度をコントロールしていきます。

A＋Bでは、こういう場合にp049〜で紹介した(A＋A')の明度コントロールを使います。A'でブラウンを補うことでメラニン色素量が揃うので色が合うのです。さらにA＋Bの考え方では、明度を揃えるだけでなく、常に色みの提案もするのが前提ですから、B色は、根元から毛先まで同じ比率でブレンドしていきます。

根元新生部だけにカラーをして「リタッチ」で済ませるケースも見聞きしますが、リタッチだけでは毛先まで均一な色にすることが難しいだけでなく、明度だけが揃って、色の提案になりません。

A＋Bを駆使して、フルメイクメンテナンスをすることが、次回提案のためにも有効ですし、もちろん料金にも反映できます。

P10 P11

濁ってしまった髪にオレンジをプラスして
つやを感じるナチュラルブラウンへ

毛髪診断

メラニンタイプ	灰	黄●	青	赤
硬さ	軟		▼	硬
重さ	軽		▼	重
水分量	少	▼		多
残量ティント	無	▼		多

処方

④ ⑩ ⑨

A A'   A A'
4 : 1   4 : 1

微アルカリ OX3%   10BB+7BB   10BB+7BB   微アルカリ OX3%
　　　　　　　　　　　+　　　　　　+
　　　　　　　　9PO 10%　　　9PO 20%

印象変化

BEFORE ▶ AFTER

既染部のレベル差は小さいので、10レベルに7レベルの色素量を4:1でブレンド。既染毛に微アルカリを使用し、プライミングの配合比率で補正した。

A+B recipe

091

アッシュで全体の赤みと毛先の黄みを抑えて
透明感を感じるミディアムトーンへ

毛髪診断

メラニンタイプ	灰	黄	青●	赤
硬さ	軟			硬
重さ	軽	▼		重
水分量	少	▼		多
残量ティント	無		▼	多

処方

4　　10　　12

A　A'
3 : 1
(10AB+12A)+8A
4 : 1
B

A　B
10AB+8A
4 : 1　微アルカリ OX3%

印象変化

BEFORE ▶ AFTER

10〜12レベルに褪色し、ティントの残った毛先を10レベルと8レベルでアッシュ系に整え、新生部にはA'に12レベルを加えてリフト力を上げる。

赤みの目立つブラウンから、落ち着きのある
マット系へのチェンジで大人っぽく

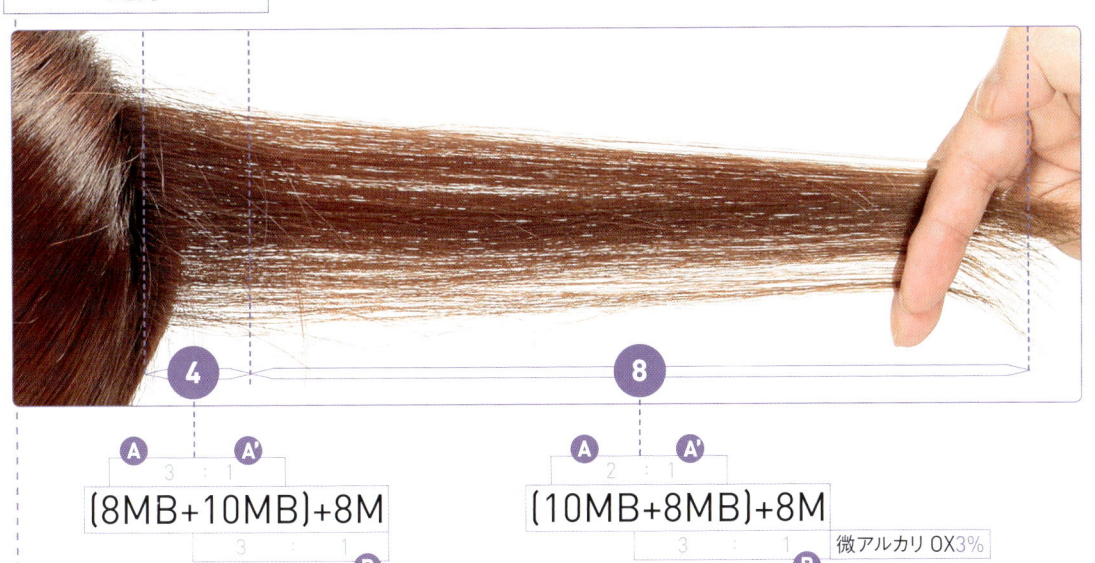

毛髪診断

メラニンタイプ	灰	黄	青	赤●
硬さ	軟		▼	硬
重さ	軽		▼	重
水分量	少		▼	多
残量ティント	無		▼	多

処方

4
Ⓐ 3:1 Ⓐ'
(8MB+10MB)+8M
Ⓑ 3:1

8
Ⓐ 2:1 Ⓐ'
(10MB+8MB)+8M
Ⓑ 3:1

微アルカリ OX3%

印象変化

BEFORE ▶ AFTER

4レベルの根元は8レベルと
10レベルを3:1で明るくし、8
レベルの毛先には10レベル
と8レベルを2:1で合わせる。

093

P16

オレンジ〜イエローに傾いた既染部を
明度と色みを使い分けてアッシュに

毛髪診断

メラニンタイプ	灰	黄●	青	赤
硬さ	軟		▼	硬
重さ	軽		▼	重
水分量	少	▼		多
残量ティント	無	▼		多

処方

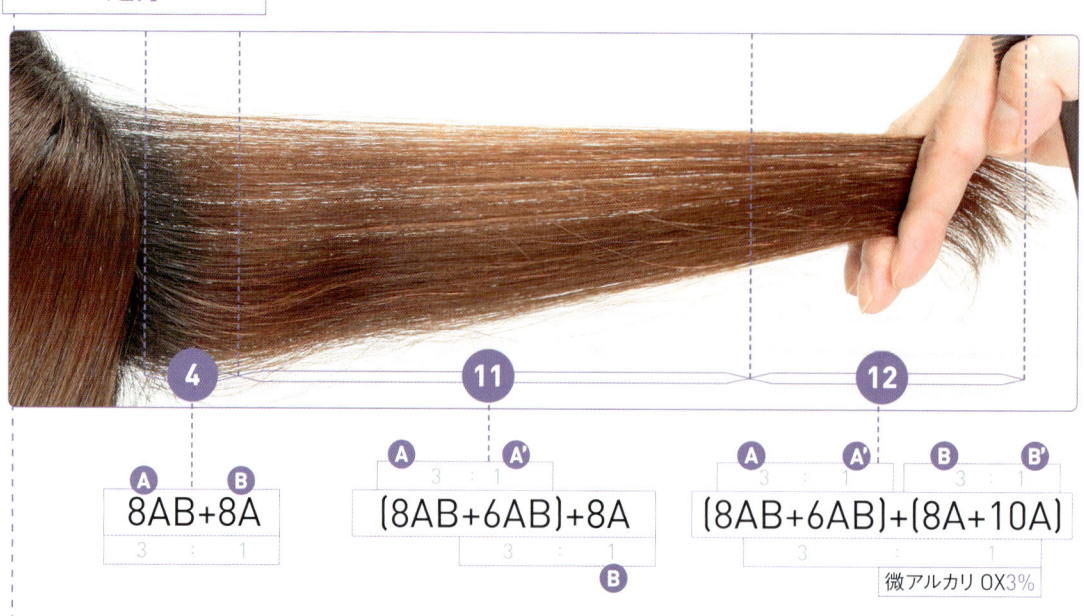

④ 8AB+8A (A:B = 3:1)

⑪ (8AB+6AB)+8A (A:A' = 3:1, B = 下段)

⑫ (8AB+6AB)+(8A+10A) (A:A' = 3:1, B:B' = 3:1)

微アルカリ OX3%

印象変化

BEFORE ▶ AFTER

中間は褪色したオレンジを抑えるために、A'として暗めの6ABで調整。黄色みを感じる毛先はアッシュが出過ぎそうなので、B'10レベルで薄める。

P17

前回の残ったティントを活かす同系色
ブラウンの濃さで深みのあるアッシュ系

毛髪診断

★P94より2か月後

メラニンタイプ	灰	黄●	青	赤
硬さ	軟	・ ・	▼ ・	硬
重さ	軽 ・	・	▼ ・	重
水分量	少 ・	▼ ・	・	多
残量ティント	無 ・	▼ ・	・	多

処方

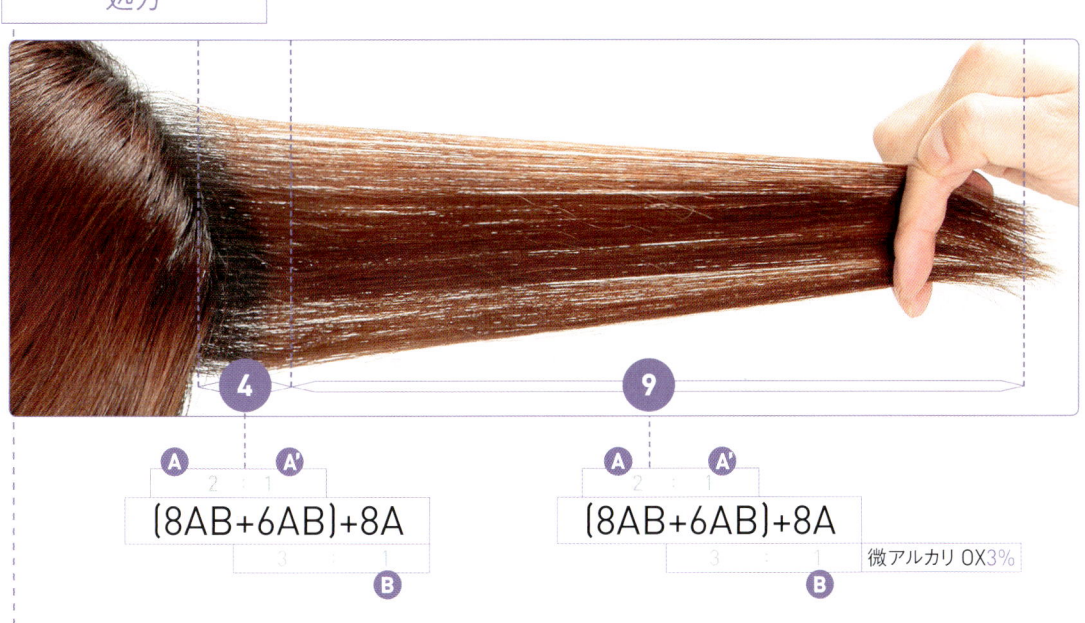

4 〔A 2:1 A'〕 {8AB+6AB}+8A 〔B 3:1〕

9 〔A 2:1 A'〕 {8AB+6AB}+8A 〔B 3:1〕 微アルカリ OX3%

A+B recipe

印象変化

BEFORE ▶ AFTER

8レベルのアッシュブラウンに、6レベルを2:1で加える。既染部も配合は同じで微アルカリ低オキシにして、前回よりトーンダウン。

095

P18

ベージュをベースに、明るいゴールドの組み合わせ。カジュアルでやわらかい印象に

毛髪診断

メラニンタイプ	灰●	黄	青	赤
硬さ	軟 ▼			硬
重さ	軽 ▼			重
水分量	少		▼	多
残量ティント	無 ▼			多

処方

5 (7BB+8BB)+10G A:A' = 3:1

10 (10BB+8BB)+10G A:A' = 2:1 微アルカリ OX3%

9 (10BB+8BB)+10G A:A' = 2:1 微アルカリ OX3% + CL30%

印象変化

BEFORE ▶ AFTER

中間〜毛先は微アルカリで黄色みの沈み込みを抑え、毛先にはさらにクリア剤を活用してにごりを抑える。

P19

ベージュゴールドの明るいベースの上に
レッドとウォームブラウンで華やかさをプラス

毛髪診断

★P96+ダブルプロセス

メラニンタイプ	灰●	黄	青	赤
硬さ	軟 ▼			硬
重さ	軽 ▼			重
水分量	少	▼		多
残量ティント	無		▼	多

処方

8

A : A'
2 : 1

(8WB+8P)+8R 微アルカリ OX3%

5 : 1
B

A+B recipe

印象変化

BEFORE ▶ AFTER

ウォームブラウンとピンクを2:1でベースを作り、5:1でレッドを加える。1回目で明るいベージュゴールドになっているので、あざやかな赤になる。

097

ウォームブラウンにピンクと濃いレッドをプラスして、インパクトを出す

毛髪診断

メラニンタイプ	灰	黄	青	赤●
硬さ	軟		▼	硬
重さ	軽	▼		重
水分量	少	▼		多
残量ティント	無		▼	多

処方

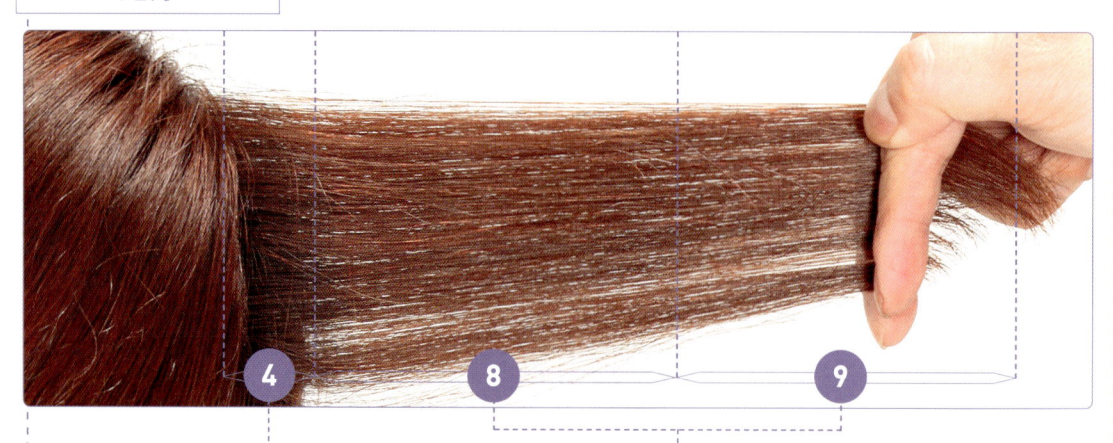

④ : 8WB+8P (2:1) + 8R20%

⑧ : 8WB+8P (2:1) + 8R20%

⑨ : 微アルカリ OX3%

印象変化

BEFORE ▶ AFTER

もともと残っている赤のティントがベースになるので、ウォームブラウンとピンクを2:1でブレンドし、レッドで加色することで深い赤を出す。

マットで色ムラのある状態から
ベージュ系の濃淡で、つやと立体感を

毛髪診断

メラニンタイプ	灰●	黄	青	赤
硬さ	軟	▼		硬
重さ	軽	▼		重
水分量	少 ▼			多
残量ティント	無		▼	多

処方

1. ホイルワーク

HL : 12BB

LL : 8N+5N (A, B) 2 : 1

2. ([9BB+8BB] (A, A') 2:1 + 9PO3% (C)) + CL30% (C)

微アルカリ OX3%　　　微アルカリ OX3%

印象変化

BEFORE → AFTER

つやの感じられないマット系から、ハイライトとローライトで立体感をつけながら、ベージュっぽく。

A+B recipe

残留ティントと褪色でムラになった状態を
カジュアルでやわらかいゴールドに

毛髪診断

メラニンタイプ	灰	黄	青●	赤
硬さ	軟		▼	硬
重さ	軽		▼	重
水分量	少	▼		多
残量ティント	無		▼	多

処方

4 : (8BB+6BB)+8G A 3:1 OX6% B 3:1
9 : (8BB+6BB)+8G A 3:1 OX3% B 3:1
7.5-8 : (8BB+10BB)+8G A 3:1 OX6% B 3:1

印象変化

BEFORE → AFTER

前回～前々回の施術の影響で、毛先がやや暗く、中間が一番明るくなっているケース。根元と中間は6BBをブレンドして揃え、暗い毛先は10BBを加える。

P63

同じ明度で、ブラウンの色みを変えて
バイオレットで大人っぽさを加えていく

毛髪診断

★P100より2か月後

メラニンタイプ	灰	黄	青●	赤
硬さ	軟		▼	硬
重さ	軽		▼	重
水分量	少	▼		多
残量ティント	無		▼	多

処方

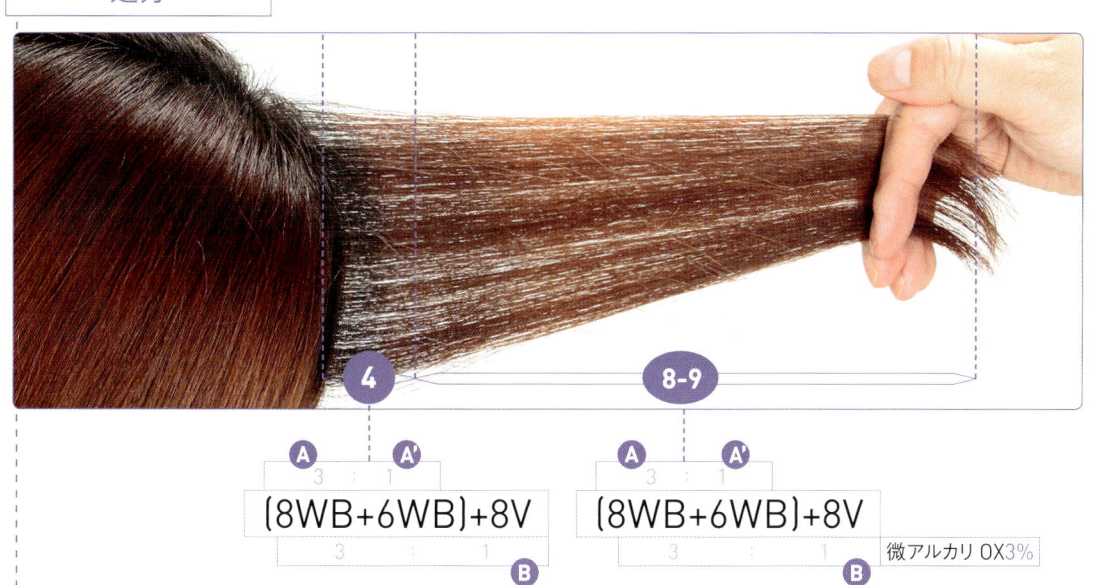

4 — A 3:1 A' — (8WB+6WB)+8V — B 3:1

8-9 — A 3:1 A' — (8WB+6WB)+8V — B 3:1

微アルカリ OX3%

A+B recipe

印象変化

BEFORE ▶ AFTER

中間から毛先には前回のティントが残るものの、褪色もダメージも少ないので、レシピの配合は同じで色相の変化で調節する。

オレンジブラウンにレッドオレンジを足して深みと華やかさを強調する

毛髪診断

メラニンタイプ	灰	黄	青●	赤
硬さ	軟		▼	硬
重さ	軽		▼	重
水分量	少		▼	多
残量ティント	無	▼		多

処方

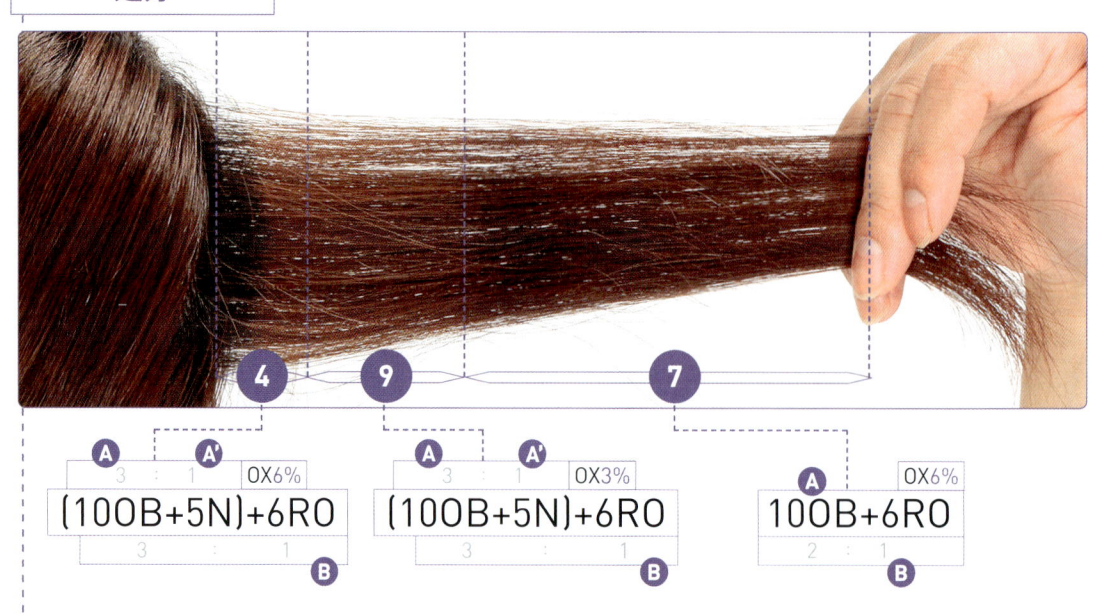

4 A:A' 3:1 OX6%
(10OB+5N)+6RO
B 3:1

9 A:A' 3:1 OX3%
(10OB+5N)+6RO
B 3:1

7 A OX6%
10OB+6RO
B 2:1

印象変化

BEFORE ▶ AFTER

毛先の部分が以前の黒染めの影響を受けている。明るくなりきれないことを想定して、根元~中間にも5Nで色素を足して、黒さを合わせている。

ブラウンとオレンジをアルカリ濃度で使い分けて、深く華やかに

毛髪診断

メラニンタイプ	灰●	黄	青	赤
硬さ	軟 ………………▼……… 硬
重さ	軽 ……▼…………………… 重
水分量	少 ▼………………………… 多
残量ティント	無 ……▼…………………… 多

処方

④　　　　⑨　　　　⑧

A 4 : 1 A'　　　　A 3 : 1 A'
〔8WB+6WB〕+7PO　　〔8WB+6WB〕+7PO
　4　　　1 B　　　　　4　　　1 B

微アルカリ OX3%

印象変化

BEFORE ▶ AFTER

8レベル・ウォームブラウンをベースに、深みを増すために6レベル・ウォームブラウンをブレンド。7レベルの深みのあるオレンジで色みを強調する。

A+B recipe

複雑な褪色を示すハイトーン毛には、ブリーチでリセットしてから色をのせていく

毛髪診断

メラニンタイプ	灰	黄	青	赤●
硬さ	軟 ▼			硬
重さ	軽 ▼			重
水分量	少 ▼			多
残量ティント	無 ▼			多

処方

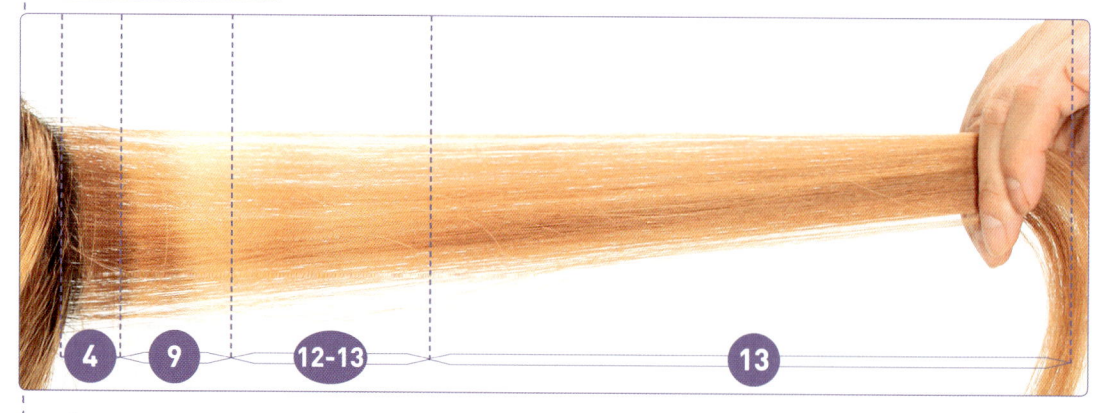

4 9 12-13 13

1. ブリーチリタッチ

2. (10BB+8BB)+8MA + CL30%
   A 3:1 A'   B   C
   3:1
   微アルカリ OX3%

印象変化

BEFORE ▶ AFTER

ハイトーンを繰り返して、複雑な状態になっている場合、ブリーチで全体をリセット。目的の3:1ブレンドをクリア剤で薄めて沈まないよう調節。

アッシュブラウンでアンダーコントロール
6レベルの濃いアッシュで色みをプラス

毛髪診断

メラニンタイプ	灰	黄	青●	赤
硬さ	軟 ▼			硬
重さ	軽 ▼			重
水分量	少 ▼			多
残量ティント	無		▼	多

処方

4: (6AB+8AB)+6A (A 3:1 A' / B 3:1)

7: 8AB+6A 微アルカリ OX3%

A+B recipe

印象変化

BEFORE ▶ AFTER

残留ティントが多いが、全体の状態は揃っているので基本の3:1ブレンド。毛先は微アルカリ、オキシ3%を使用して濃く暗いアッシュに仕上げる。

基本の確認

A+B basic

この本では細かいテクニックには触れず、
A+Bの理論を集中的に紹介しました。
最後に、毛髪診断と塗布プロセスのチェックポイントを確認しておきましょう。

毛髪診断の目安と傾向

毛髪の状態でカラー剤の発色が左右されます。
履歴を聞く、見る、触るなどで判断しますが、
観察力とともにどれだけ多くの髪に接したかという経験値が重要になります。

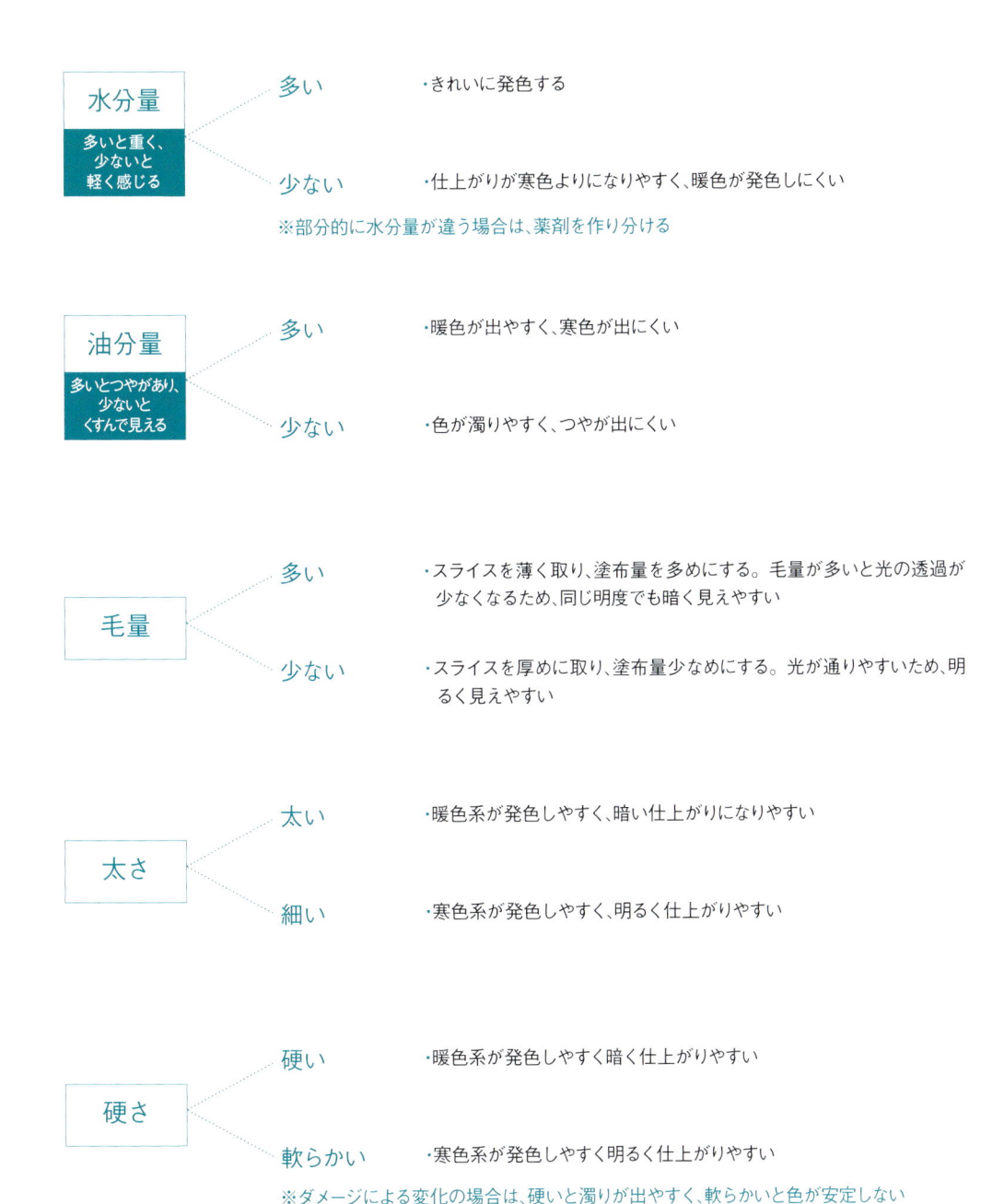

水分量
多いと重く、少ないと軽く感じる

- 多い ・きれいに発色する
- 少ない ・仕上がりが寒色よりになりやすく、暖色が発色しにくい

※部分的に水分量が違う場合は、薬剤を作り分ける

油分量
多いとつやがあり、少ないとくすんで見える

- 多い ・暖色が出やすく、寒色が出にくい
- 少ない ・色が濁りやすく、つやが出にくい

毛量

- 多い ・スライスを薄く取り、塗布量を多めにする。毛量が多いと光の透過が少なくなるため、同じ明度でも暗く見えやすい
- 少ない ・スライスを厚めに取り、塗布量少なめにする。光が通りやすいため、明るく見えやすい

太さ

- 太い ・暖色系が発色しやすく、暗い仕上がりになりやすい
- 細い ・寒色系が発色しやすく、明るく仕上がりやすい

硬さ

- 硬い ・暖色系が発色しやすく暗く仕上がりやすい
- 軟らかい ・寒色系が発色しやすく明るく仕上がりやすい

※ダメージによる変化の場合は、硬いと濁りが出やすく、軟らかいと色が安定しない

毛髪診断チェックポイント

複雑化している既染毛は毛髪診断が重要です。
表面と内側、根元と毛先など部分によっての違いを、チェックシートに記入する習慣をつけましょう。
観察して記入することを繰り返して、見る目を鍛えます。

1. 全体を見る
ディテールを見る前に、全体の印象をまず見ます。

2. 引き出して見る
毛束を引き出して、根元〜中間〜毛先に指をすべらせます。色の違いを見ると同時に、手触りを確認。

3. 新生部を見る
手のひらで押さえて、新生部と既染部の境界線を見ます。アンダートーンとメラニンタイプがわかります。

4. 根元と毛先の比較
毛束を折り返して、根元と毛先の明度の違いを見ます。

5. 根元と毛先の比較
中間部を手のひらで隠すと、根元には赤みが見え、毛先には黄みが見えることがわかります。この違いを合わせるためには異なるブレンドが必要です。

6. 重さをはかる
毛束を手のひらにのせて重さをはかります。軽いと感じたら乾燥、重いなら水分量が多いと判断。

7. 表面の状態（根元）
部位ごとに表面を見ます。つやがあれば油分が多いと判断します。

8. 表面の状態（毛先）
このようにつやが失われていれば油分は少ないことになります。

9. 硬さをはかる
髪の毛を爪で押して弾力を確認します。硬いと暖色系が発色しやすく、やわらかいと寒色系が発色しやすい。

Hair Color シート毛髪

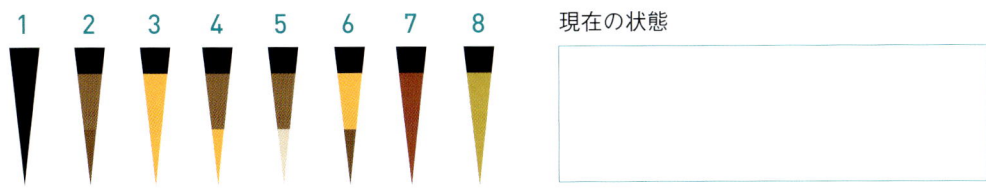

1　2　3　4　5　6　7　8

現在の状態

		新生部	既染毛
	頭皮の状態		
	質感		
	メラニンタイプ	灰 ・ 黄 ・ 青 ・ 赤	
	質感	0　10　30　50　100	0　10　30　50　100
髪質	硬さ	軟　●　●　●　●　硬	軟　●　●　●　●　硬
	太さ	細　●　●　●　●　太	細　●　●　●　●　太
	重さ	軽　●　●　●　●　重	軽　●　●　●　●　重
	撥水性	吸　●　●　●　●　撥	吸　●　●　●　●　撥
	毛量	少　●　●　●　●　多	少　●　●　●　●　多
	油分量	少　●　●　●　●　多	少　●　●　●　●　多
	水分量	少　●　●　●　●　多	少　●　●　●　●　多
素材について	ダメージ	無　●　●　●　●　大	無　●　●　●　●　大
	残留ティント	無　●　●　●　●　有	無　●　●　●　●　有
	パーマ	無　・　パーマ　・　ストレート・パーマ　・　縮毛矯正	

毛髪の色について

根元	中間	毛先

毛髪のダメージについて

根元	中間	毛先

A+B basic

塗布プロセスチェックポイント

塗り方に特別な方法はありませんが、薬剤を3種類作り分けて、オーバーラップはせず、しっかり塗り分けることがポイント。根元を塗ったらすぐに中間へ、続けて毛先へ。そして30分しっかり置きましょう。

部分ごとに薬剤を作り分ける

- 根元　薬剤1
- 中間　薬剤2
- 毛先　薬剤3

レシピはp100参照

Before　　After

根元新生部（薬剤1）

1. 部分を確認
バックセンターで分け、新生部の位置をしっかり確認してから。

2. 縦スライス
パート上を、根元は開けずに塗り始めます。根元から境界線まで塗り①、次に境界線から根元へ②。

3. 横スライス
次に横スライスで塗ります。ここも、根元から塗ったら①、逆に境界線からも塗ります②。

4. スライスは薄く
スライスは均一に薄く取り、裏側からも塗ります。

5. 縦スライス
バックからサイド〜顔周りへ、縦スライスで進みます。

6. クロスチェック
横スライスでクロスチェックして、塗り残しがないように。

3カップ同時にブレンド、一気に塗り分ける

根元用、中間用、毛先用の薬剤を同時に3カップ作り、それぞれを一気に塗り分けます。薬剤をブレンドで作り分けているので、時間差はしません。

カラー剤を発色させる酸化重合は、塗布してからしか始まりません。
カップの中で始まるわけではないので、放置時間が不足すると完全酸化しません。

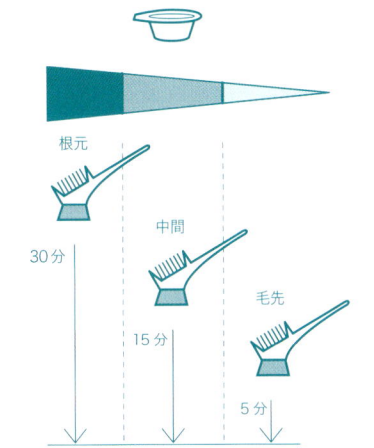

[これまでの施術]　　[A+Bの施術]

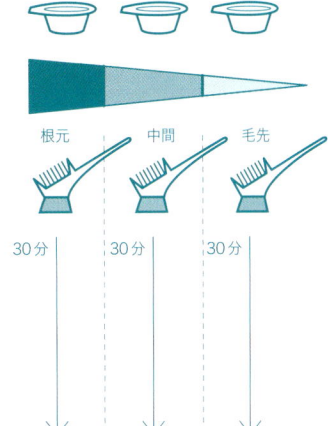

根元　中間　毛先　　根元　中間　毛先
30分　15分　5分　　30分　30分　30分

すぐに中間へ（薬剤2）

7. たっぷりと
根元を終えたらすぐに中間へ。中間用にブレンドした薬剤をたっぷり。

8. 境界線を確認
毛先とは薬剤が違うので、境界線はしっかり確認してオーバーラップはしないように。

9. コーミング
境界線ぎりぎりまでコーミングして薬剤をなじませます。

続けて毛先へ（薬剤3）

10. たっぷりと
時間をおかずに毛先へ。たっぷりつけて、

11. もみこんで
指と手のひらにはさんでもみこみます。

12. しっかり放置
塗り終えたら、酸化重合に必要な時間（20〜30分目安）しっかり置きます。

A+B basic

あとがき — また変革の時代が来た

カラーブームと呼ばれた時代がありました。

日本では白髪染め以外には、長いこと、ごく一部にしか受け入れられていなかったヘアカラーが、「みんな」のものになった時代です。美容師はこぞってカラーを研究し、「もっといい色」「もっと似合う色」「もっと違う色」「自分だけの色」…。貪欲に熱心に追求し続けた結果、消費者はカラーを楽しむことを喜んで受け入れ、日本人の黒髪にヘアカラーが定着する原動力になりました。

あれから10年。

カラーすることが当たり前になって、当時の熱気が薄れたように感じられます。カラー剤もテクニックも進化しているのに、現場での美容師オリジナルの工夫や努力があまり見られなくなっています。

また変革を起こす時代が来た、と僕は感じています。

パブリック商品、いわゆるホームカラーで済ませる消費者も増加しています。ただカラーされていればよくて、なんとなくブラウンになっていればヘアカラーだ、という価値観なのでしょう。その対極に、「私だけのカラー」「いつもきれいで新鮮なカラー」を望むお客様も存在します。気にかかるのは、その中間にいるボリュームゾーンの人たち。サロンが今変わらなければ、その人たちが「ホームカラーでもいいわ」「たいして違わないじゃない」と言い出しかねないと思うのです。

プロにはプロならではの方法論

サロン側に油断があるような気がしてなりません。

ホームカラーとは完璧に、絶対的な差をつける自負と気概と責任感が不足しているのではないでしょうか。できるだけ簡単に、できるだけ時間がかからないようにしたい、という方向を向いてはいませんか。せっかくサロンカラーを選んできてくれたお客さまに「さすが、プロ!」という感動と「ずっとここに来てきれいにしてもらいたい」という満足感を与えていますか。

ヘアカラーはもっとおしゃれになるべきだ、ビューティの方向に大きくシフトしなければいけないと、僕は考えます。サロンでカラーすることの価値とステイタスを上げるときです。テクニックはできて当たり前。差別化のポイントは、レシピにあります。ホームカラーには絶対できない、カラーチャートにも存在しないオリジナルな色を、その人の今のためだけに自分が作る。それがプロの仕事、プロの責任だと思います。

黒髪には黒髪ならではのカラー理論

西欧のブロンドから発想したカラー理論を、黒髪向けに翻訳したようなテクニックから、日本のヘアカラーは始まりました。そろそろ黒髪のためだけの理論をもとに、勉強するべきではないかというのが僕の持論です。アンダートーンという、黒髪特有の特徴を活かし、克服するための方法論が必要です。

確立された方法論がないために、多くのサロンで教育体制も追いついていません。この本で紹介しているルールは、学びやすいだけでなく伝えやすいと思います。

伝えやすいということは、お客様に対しても同じです。コンサルテーションで「こういう色をお勧めします」と言ったら、その通りの色を実現し、その結果に対して「○○系の色にしたから肌がすっきり見えますね」と具体的な説明をし、納得していただくことが可能になります。

西海ルールA＋Bで進化させよう

そのために開発した考え方が、A＋B。セミナーで全国を回りながら、各地のたくさんの熱心な美容師さんたちとコミュニケーションする中で、僕のレシピの作り方を解説するうちに完成させてきたノウハウがベースです。

だから、現場直結。

「迷いがなくなってすっきり」「レシピを考えるのが楽しくなった」「お客様が喜んでくれて、リピートの間隔が短くなった」…。すでにそんなうれしいご意見をたくさんいただいて、実証済み。もっともっと広めるために、満を持して1冊の本にまとめました。サロンカラーが活性化するだけでなく、プロらしく自由自在に色を操る喜びを感じてください。

西海洋史

1967年、神奈川県出身。1991年渡英。ロンドンでカラーの経験を積み、カラリストに転向して帰国。日本のカラリストとしては草分け的存在。サロンワーク、セミナー、撮影、商品開発など活動のフィールドは多岐にわたる。[nishigai.labo]主宰。

西海ルール A+B の手引き
リアルワンメイクのブレンドレシピ

Director
西海洋史

Color design & technique
西海洋史

Make-up & assistant
菊池真里亜

Art director
佐藤のぞみ（design studio ish）

Photographer
新　龍二（SHINBIYO）

Editor
義岡恭子（SHINBIYO）

2011年10月20日第1刷発行
定価3,990円（本体3,800円）　検印省略

著者　　西海洋史
発行者　長尾明美
発行所　新美容出版株式会社
〒106-0031　東京都港区西麻布1-11-12
編集　03-5770-7021
販売　03-5770-1201
www.shinbiyo.com

郵便振替　00170-1-50321
印刷・製本　凸版印刷株式会社

©HIROSHI NISHIGAI & Shinbiyo Shuppan
Printed in japan 2011

この本に関するご意見、ご感想、単行本全般に関するご要望を下記のメールアドレスで受け付けております。
post9 @ shinbiyo.co.jp